本当は怖い仏教の話

沢辺有司 著

彩図社

はじめに

仏教とは、仏（ブッダ）になるための教えだ。一切の執着から解き放たれ、悟りの訪れをめざす。そのために修行をするのだが、それは正しい生き方をすることである。

この仏教の原点を見るかぎり、なんら怪しいところも、恐ろしいところもない。

ところが、あらゆる方向に複雑に枝分かれし、ほかの宗教や各地の風習をのみこみながら成長した仏教は、まったく別の姿に変貌した。その断面を切り取ってみると、ときに、どろどろした黒い血のようなものがしたたり落ちる。

それは、仏教の守り神・鬼子母神《きしもじん》の正体が子どもを食らうカニバリストだったり、奈良時代の名僧・行基が信者に子殺しを命じる危険な教祖だったり、というものだ。いまでこそ健康的な四国遍路でさえ、かつては「死」以外の選択肢がない暗く凄惨な世界だった。

仏教では、即身仏《そくしんぶつ》や補陀落渡海《ふだらくとかい》、捨身行《しゃしんぎょう》、焼身往生など、ショッキングな修行も発達した。修行僧たちは自らの往生のため、あるいは人々の救済のために命を投げ打ったが、はたから見ればそれはおぞましい自殺行為でしかなかった。チベット密教では、性的ヨーガや呪殺という、奇怪な秘法が発達している。

仏教史をみれば、釈迦族に対するジェノサイドが起き、日本では放火・合戦・強盗に手をそめる僧兵があらわれた。かと思えば、仏教が標的となり、虐殺や廃仏毀釈といった蛮行が大規模に起きている。

葬儀での「白い喪服」「骨噛み」「身代わり人形」など、不気味な風習も散見される。

本書『本当は怖い仏教の話』では、こうした仏教にまつわる怖いエピソードの数々を丁寧に蒐集した。「教義」「修行法」「歴史」「風習」という4つの切り口から仏教の「暗黒面」に迫る。仏教の話ではあるが、日本の神仏習合を背景に、雑多な要素がからみあうことはつけ加えておく。

怖い仏教――。本来なら目をそむけたくなる話ばかりだが、これが仏教のもつひとつの現実である。むしろ、仏教の裏側にも目を向けてはじめて、仏教を語ることができるようになるのではないだろうか。本書が仏教を真に理解する一助になれば、幸いである。

本当は怖い 仏教の話 目次

第二章　仏教の過酷な修行法

第三章　仏教の知られざる歴史

第四章　仏教に残る日本の風習

※日本の暦に関する記述のうち、明治5（1872）年12月3日以前は旧暦の月日を表記しています。

第一章 仏教の怖い教え

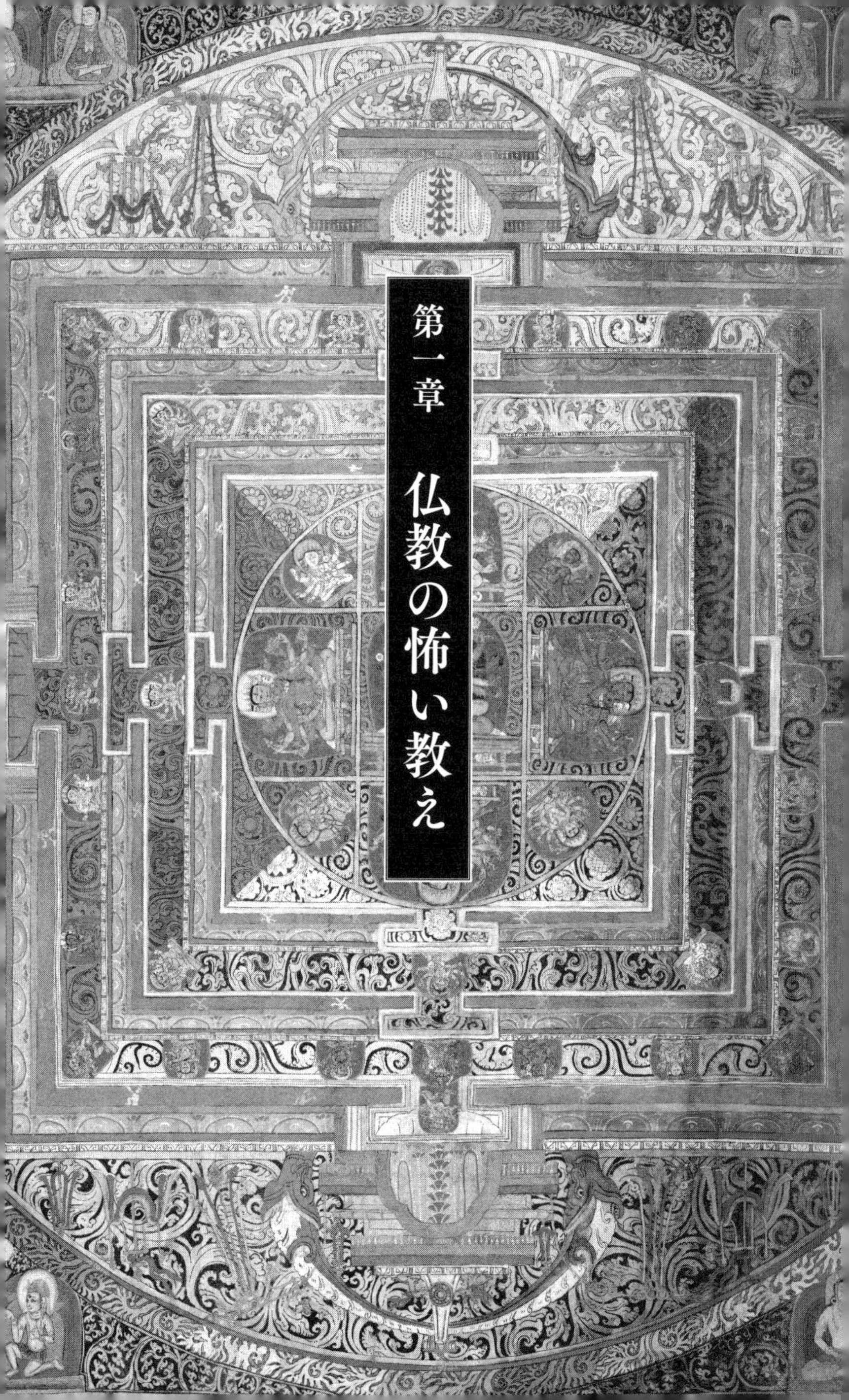

01 飢え渇きで人を喰らう餓鬼道の恐怖

●飢えで他人の脳みそを奪い合う

先祖の霊を迎えて供養する「お盆（盂蘭盆会《うらぼんえ》）」。毎年の欠かせない仏教行事である。地方によって異なるが、7月15日または8月15日に行われる。

じつはお盆は、もともと先祖供養の風習があった中国で生まれた。そのとき、お盆の根拠づけとして書かれたのが、**『仏説盂蘭盆経《ぶっせつうらぼんきょう》』**である。「ブッダが説いた」という意味の「仏説」とついているが、これはウソで、「ブッダが説いた」という体裁《ていさい》をとりながら、中国で独自につくられた経典である。正当なお経である「真経《しんきょう》」に対し、これは「偽経《ぎきょう》」という。

偽経とはいえ、この『仏説盂蘭盆経』には迫真の恐ろしい話が記されている。

餓鬼道を描いた絵巻（「旧河本家本 餓鬼草紙」東京国立博物館所蔵）

「ブッダの十大弟子のひとりに目連《もくれん》という修行僧がいた。彼は神通《じんずう》第一といわれるほど、ほかのだれよりも不思議な呪術力をもちあわせていた。あるとき、亡くなった父母になにかできないかと思い、神通力を使って死後の世界を探してみると、**餓《が》鬼《き》道《どう》**に堕ちた母を見つけた」

餓鬼道は、六道《ろくどう》（天道《てんどう》・人間道《にんげんどう》・修羅道《しゅらどう》・畜生道《ちくしょうどう》・餓鬼道・地獄道《じごくどう》）のひとつで、**つねに飢えと乾きに苦しめられる世界**だ。

「亡き母は、ひどくやせ衰え、ほとんど骨と皮だけの体となっていた。しかも母は、逆さに吊るされ、鬼たちの責め苦をうけ悶絶する。ほかの餓鬼たちのなかには、飢えに耐えられず、汚物を食べたり、互いの頭をかち割って、脳みそを手づかみで奪い合う者もいた」

とても見るにたえない母のありさまに、目連は愕然《がくぜん》とする。すぐに神通力を使って自分の鉢にご飯を盛り、母にさしだした。ところが、母は口にできない。

「母は左手で鉢をもち、右手でご飯を食べようとするのだが、口に入れる前にご飯は炎となり、炭に変わってしまった。なんど繰り返しても同じで、母は一口たりとも食べることができなかった」

目連は、涙目でブッダに助けを求めた。ブッダは言う。

「お前の母の罪は重かったようだ。たったひとりの力ではどうにもできない。しかし、十方の修行をしている僧の力が集まれば解脱《げだつ》することができる。雨安居《うあんご》（雨期の寺での修業期間）明けの7月15日に、修行を終えた僧侶に食べ物を振る舞い、お経をあげれば、その無上の功徳《くどく》によって母は救われるだろう」

そこで目連は、ブッダの教えのとおり僧侶たちにご馳走を振る舞うと、母の食べ物は炎となることなく、心のままに食べることができた。そして、気の遠くなるような長い餓鬼の苦しみから解放され、安らかな菩薩の姿となって天上界へのぼったという。

●物乞いから食べ物をかくす残念な母

盂蘭盆会で供養するのは、亡き父母だけではない。

ブッダは、「7月15日に、僧侶に施して祈願してもらい、このような盂蘭盆会を行うことで、父母から7世の先祖まで救うことができる。いまの父母の寿命はのびて、病気もなく、一切の苦悩や

餓鬼道に堕ちた母を救おうとする目連。中央の、食べ物を奪われないよう鉢を尻の下にかくしているのが目連の母（「旧曹源寺本 餓鬼草紙」京都国立博物館所蔵）

わずらいもなくなる。７世までの祖先は餓鬼の苦しみから離れ、天人のなかに生まれ幸福につつまれる」と言っている。

盂蘭盆会の先祖供養によって、先祖が救われるだけでなく、現世の父母も救われるのである。

ところで、餓鬼道に堕ちた目連の母の話は、日本でイメージ化されている。それが旧曹源寺本《きゅうそうげんじぼん》『餓鬼《がき》草紙《ぞうし》』（京都国立博物館）だ。

そこには、目連が餓鬼道に堕ちた母に食べ物を施す場面が描かれている。ひどくやせた母の餓鬼と対峙して座る目連。鉢に入った食べ物が燃えている。

残念なのは、母が食べ物をあたえられる場面だ。母の後ろの３匹の餓鬼が母に物乞いしているのだが、なんと母はほかの餓鬼に食べ物を奪われないように鉢を尻の下にかくしている。**極度の飢えによって慈悲の心が完全に崩壊している**のだ。さすがにこの姿を見た目連の顔は悲しそうである。

●現世で悪魔化した母

『仏説盂蘭盆経』では、目連の母がどんな罪によって餓鬼道に堕ちたのかが説明されていない。が、それと思われるものを記したお経がある。それが、『**餓鬼事経**《がきじきょう》**（ペータヴァッツ）**』だ。『餓鬼事経』はインドの古語・パーリ語のお経で、ブッダの言葉をかなり正確に伝えているといわれる。「ペータ」とは「餓鬼・死者」のことである。

じつはこの『餓鬼事経』をもとに『仏説盂蘭盆経』が中国で書かれたと考えられる。『餓鬼事経』のなかの「舎利弗《しゃりほつ》の母」という話が、『仏説盂蘭盆経』の話を連想させるからだ。ただし、『餓鬼事経』では目連の母が餓鬼道に堕ちたのではなく、別の弟子である舎利弗の4つ前の生《せい》での母が餓鬼道に堕ちたことになっている。その母の現世での悪業は次のように記されている。

「その女の家では、僧侶や貧者、旅人などに井戸のように無尽蔵《むじんぞう》に飲食、衣服、寝床などを施していた。ところが、夫が家を留守にするとき、彼女の態度は豹変するのだった。僧侶たちへのお布施のふるまいをやめてしまい、宿を求めてきた旅人たちには、『ここに寝ろ！』とボロボロの小屋に寝かせ、飲食を求めてきた旅人には、『大便を食べろ！　小便を飲め！　血を飲め！　あんたの母親の脳味噌を食べろ！』などとなじったのである」

この女は、現世でとんでもない悪魔と化していたのである。死後、彼女は餓鬼道に堕ちるが、もはや同情の余地はないだろう。自分の悪業にふさわしい罰を受けたのだ。彼女は餓鬼道で血管が浮きでるほどやせ衰え、肋骨もあらわな醜い姿となった。女は救いを求めて舎利弗が留まっていた寺を訪れ、餓鬼道での窮状を語るのだが、その描写は想像を絶するむごたらしさである。

「捨てられた吐瀉物《としゃぶつ》、唾、鼻汁、痰《たん》、荼毘《だび》に付された遺体の脂肪、出産の血、傷からでた血、鼻や頭を切られたところの血、およそ女や男からでるものはなんでも、飢えに負けて食しています。家畜や人間の膿や血を食べ、身を守るところも、家もなく、青黒い墓地に横たわっています」

これを聞いた舎利弗は、目連らに相談し、目連はビンビサーラ王にたのんで盛大な供養祭を催してもらった。それによって女は天上界にのぼり、救われた。後日、彼女は目連に近づいて礼拝したという。この目連とのエピソードが、『仏説盂蘭盆経』の話に発展したのだろう。

ところで、**「盂蘭盆会」という名前の由来には諸説あるが、そのひとつに目連の母が責め苦をうけた「逆さ吊り」にあるという説がある。**「逆さ吊り」はインドのサンスクリット語で「ウラバンナ」。お盆のさいには、逆さ吊りになった祖先をイメージせずにはいられないのである。

02 ブッダの高弟の「餓鬼道堕ち宣告」からはじまった施餓鬼

●炎をはく焔口餓鬼の恐怖

「施餓鬼《せがき》（大施餓鬼《だいせがき》、施食会《せじきえ》）」という仏教行事がある。餓鬼道に堕ちた餓鬼たちのための供養法《くようほう》会《え》で、加持祈祷《かじきとう》を行いながら食べ物を施す。

この施餓鬼法会はお盆といっしょに行う場合が多い。禅宗のほか、真言宗や浄土宗、曹洞宗などでは盂蘭盆会《うらぼんえ》の先祖供養の一環として行う。

しかし、施餓鬼は本来は盂蘭盆会とは別のもので、昔はそれぞれの寺院で随時行われていた。その名残か、禅宗では生飯《さば》といって毎回の食事の前にご飯を数粒施す習慣があり、これが施餓鬼の作法だという。

盂蘭盆会の由来となったのが『仏説盂蘭盆経』であるのに対し、施餓鬼の由来となったのは『仏《ぶっ》説《せつ》救《ぐ》抜《ばつ》焔《えん》口《く》餓《が》鬼《き》陀《だ》羅《ら》尼《に》経《きょう》』というインドの古いお経だ。これは8世紀に唐の不空《ふくう》という僧が漢訳し、日本には806年、唐留学から帰国した空海が伝えた。

このお経には、口から炎を吐く鬼である「**焔口餓鬼**」を鎮めるための呪文である陀羅尼が多く示されている。

ブッダの弟子・阿難（左）と、阿難に餓鬼道堕ちを宣告した焔口餓鬼（右）（「旧曹源寺本 餓鬼草紙」京都国立博物館所蔵）

そのなかに、ブッダの十大弟子のひとりである阿《あ》難《なん》（アーナンダ）の話がある。阿難は、「多聞第一《たもんだいいち》」といわれ、ブッダの説法をだれよりも多く聞いて記憶した弟子である。そんな高弟の阿難が、**なぜか餓鬼道堕ちを宣告される**のだ。

「あるとき阿難が林のなかで座禅にふけっていると、突如として恐ろしい焔口餓鬼があらわれた。焔口餓鬼の顔はひどく醜く、やせ細り、髪を振り乱し、首は針のように細く、爪は鋭く長い。そして、口のなかでは炎が音を立てて燃えている。

焔口餓鬼は、阿難に怒りの形相で言った。『お前は

3日後に必ず死ぬ。そしてお前も餓鬼道に堕ちて私のような鬼に生まれ変わるのだ』と。
阿難は恐ろしくなり、『それではどうすれば助かるのか？』と問うと、焔口餓鬼は『明日中に測ることができないほど多くの餓鬼と百千の修行者たちそれぞれに、升一杯の食べ物を施し、私のために三宝《さんぽう》（仏・法・僧）を供養せよ。そうすれば、お前は生きながらえ、私もまた餓鬼道から逃れ、天上にのぼることができる』と言って、たちまち姿を消した」

●食べ物への感謝の念が欠けていた？

この話、そもそもなぜ阿難は突然、餓鬼道に堕ちることになったのか？　餓鬼道に堕ちるからには、なにかしら悪業があったはずであるが、その説明はない。考えられる理由は、**人は食べることで、つまり他の命を奪うことで自己の命をつないでいるという罪深さがそもそもある**ということだ。阿難にはその自覚が欠けていた、ということか。いずれにしろ、このお経の意味は、食べ物に対する感謝の念を自覚させることにあるといえる。

恐怖におびえて真っ青になった阿難は、すかさずブッダに助けを求めた。そんなに多くの餓鬼と修行者に食事を施すことなどできるわけがない。するとブッダはこう言った。

「阿難よ、恐れてはならない。心から加持飲食陀羅尼《かじおんじきだらに》を唱えなさい。そして、1椀の食べ物をそこに供えるのです。そうすれば、たった1杯の食べ物でも、たちまち無量の飲食となって餓鬼たちの食事となり、すべての餓鬼が救われるでしょう」

阿難がブッダの教えどおりに餓鬼たちを供養すると、すべての餓鬼の飢えと乾きを癒すことができた。そして、阿難は災難から逃れ、3日後に死ぬことはなく、寿命を全うすることができたという。

このように、『仏説救抜焔口餓鬼陀羅尼経』が救済の対象にしているのは、餓鬼道にいるすべての餓鬼たちである。これに対し、『仏説盂蘭盆経』では、あくまでも餓鬼道に堕ちた父母の救済であり、先祖の救済を対象としていた。

こうした違いはあるものの、餓鬼道に堕ちた者を救う点では共通しているので、徐々に盂蘭盆会と施餓鬼が混同されるようになったのだろう。先祖を供養するだけでなく、同時にすべての餓鬼を供養することになったのである。

●地面から這い上がる餓鬼は地縛霊

では、施餓鬼は実際にはどのように行うのか？

地域によってもさまざまだが、庭先や池の畔、樹木の下など静かな場所に施餓鬼棚《せがきだな》を設けて、水や食事を供えて法要を営む。ハスの葉などに食事をのせる場合もある。屋内でやるにしても、仏壇とは別に一段低い棚を設けることが多い。

いずれにしても、**できるだけ地面に近い場所に施餓鬼棚を設けるのがルール**だ。これはなぜかというと、**飢えた亡者の餓鬼は、地面から這い上がってくる地縛霊だと考えられているから**だ。そのため、食事はなるべく低いところに供えることが習わしとなっているのである。

また、餓鬼道からやってくる醜い餓鬼は、もはや食事作法などがなく、食べるときは手づかみである。だから、施餓鬼棚には箸を添えない地域もある。

地中から這い出る餓鬼は、光に弱い。活動するのはもっぱら夜である。だから、盂蘭盆会と習合する以前は、施餓鬼法会は真夜中に行っていたという。光で餓鬼を驚かせないため、ロウソクの灯もつけない。そのかわり、ホオズキ（鬼灯）を灯明のかわりとして備えた。

餓鬼にはずいぶん気を遣うのである。

03 おむすびころりんのネズミの穴は地獄だった

●ネズミの穴は「根の国」

だれもが知っている昔話の「おむすびころりん」には、「**地獄**」が隠されている。

「おむすびころりん」は、もともとは各地に伝わる「**ネズミ浄土**」「**地蔵浄土**」「**鬼の楽土**《らくど》」などという昔話が原作になっている。原作の基本的なストーリーは次のようなものだ。

「おじいさんは、焚《た》き木の枝を刈りに山へでかける。おばあさんがつくってくれた弁当を食べようと包みを開けると、うっかりおむすびを落としてしまう。おむすびは山の斜面をコロコロと転がり、木の根元にある穴のなかに落ちる」

ここからは大きく3つのパターンがある。1つ目は、次のような話だ。

「おじいさんがおむすびを追って地下へ降りると、そこにはたくさんのネズミがいて、たっぷりのお礼をしてくれる。おじいさんは宝物をもらって地上へ帰る。この話を聞いた強欲なおじいさんは、穴におむすびを放り投げ、同じようにネズミの巣穴に降りていく。宝物をごっそりいただこうと、猫の鳴き真似をしてネズミたちを追い払おうとすると、ネズミたちは明かりを消して一斉に逃げだす。おじいさんは、真っ暗な穴からでられなくなる」

これは「ネズミ浄土」とよばれる話だ。

タイトルからわかる通り、ネズミたちの住む地下世界は、基本的におじいさんに恵みをもたらす場所で、「浄土」といえる。しかし、その実態は恐ろしい「地獄」なのだ。強欲なおじいさんがネズミを追い払おうとすると、浄土は一瞬にして消え去り、おじいさんは**暗黒の地下世界に閉じ込められてしまう**のだ。

ネズミは「根住《ねず》み」で、「根の国の住人」と解釈できる。日本神話では、「根の国」は死者が住む他界である。

●鬼と地蔵のいる地下世界

2つ目のパターンは、次のようなものだ。

「おじいさんがおむすびを追って地下へ降りると、そこには石地蔵が立っていて、石地蔵はおむすびのお札に、鬼から逃れる方法を教える。そこでおじいさんは、教えられた通り、鶏の鳴き真似をして鬼を撃退し、宝物をいただいて帰る」

これは「地蔵浄土」といわれる話である。

ここでの地蔵は、祖霊（先祖の霊）をあらわしていて、だから地下世界は「浄土」といえる。しかし、鬼が暗躍しているわけだから、そこはどう考えても「地獄」なのである。おじいさんは、地蔵のアドバイスをもらって、かろうじて地獄から生還する。**地蔵（祖霊）は、正しい心をもつ慈悲深い者には宝物をあたえ、地上へ帰してくれる**。

次の3つ目のパターンでは、ついに鬼につかまってしまい、地獄観が強まる。

「おじいさんがおむすびを追って地下へ降りると、鬼につかまり、飯炊きをさせられる。1粒（または3粒）の米を釜に入れて特別の杓子《しゃくし》でかきまわすと、釜いっぱいのご飯がたける。おじいさんは、その米粒をもって逃げ帰る。いくら使っても尽きない米で大金持ちになる」

これは「鬼の楽土」「地獄白米」などとよばれる話だ。東日本では宝物をもち帰る話が多いが、西日本ではこのような米粒をもち帰る話が多い。

南北朝時代の『矢田《やた》地蔵縁起絵巻』には、この「鬼の楽土」型の話が収められている。閻魔《えんま》大王《だいおう》が、地獄に蔓延する悪病を鎮めるため、矢田寺の満米上人を地獄に招き、受戒する。このとき満米上人は地獄で地蔵菩薩を見ている。満米上人は、土産に白米の入った小箱をもらって帰るが、それ

八大地獄のひとつ等活地獄。殺生や暴行の罪を犯した者が堕ちる。堕ちた者は死ぬことを許されずに極卒から拷問を受け続ける（「六道絵」部分／聖衆来迎寺所蔵）

は使っても尽きない米だった。

●浄土の顔をした地獄

以上の「おむすびころりん」の原作に共通することは、**おむすびが転げ落ちた先の地下世界は、「浄土」の顔をした「地獄」**だということだ。正しい心の者にとっては浄土だが、悪い心の者にとっては地獄に変わる。「善い行いをすれば善い結果がえられ、悪い行いをすれば悪い結果となる」という、仏教の「因果応報」の教えが説かれているのだ。

仏教の世界観では、極楽浄土は西の方角の想像できないほど果てしなく遠くにあり、地獄は人間が住む贍部洲《せんぶしゅう》の地下深くにある。浄土と極楽はまったく別のところにある。

日本でも同じ発想はあるが、独自の発想で山中他界や海中他界がある。人間の生活に身近な山や海をあの世としたのだ。このとき、山は浄土であり地獄にもなった。海も浄土であり地獄にもなった。たとえば、空海が開いた高野山では山岳宗教にともなう高野山浄土信仰があったが、同時に人々は高野山に納骨したのである。

日本人が考えるあの世は、浄土と地獄が隣り合わせなのである。そこには祖霊が仏教化した地蔵がいて、宝物や米があたえられるが、間違った行いをしたり、祖先を大事にしなければ、一瞬にして地獄と化し、恐ろしい祟りが起きるのである。

04 地獄の苦しみの身代わりに地蔵菩薩の功徳

●地獄の母親を救った女性

菩薩というのは、悟りを求めて修行する人である。ただし、あえて仏にならないことを誓ってい て、つねに人間のそばにいて、いっしょに悟りをめざす。人間にとってはもっとも親しみやすい存在だ。菩薩の種類は多く、弥勒《みろく》菩薩や観音菩薩などがあるが、なかでも一番身近なのは、**地蔵菩薩**だろう。いわゆる「お地蔵さま」である。

地蔵菩薩は、生きているものが輪廻転生《りんねてんしょう》する先の六道のすべてで救済にあたる。お地蔵さまは6体セットのことが多いが、これは六道それぞれに赴いていることをあらわしているからだ。

地蔵菩薩は当然、地獄道にもいる。それなら、人間が地獄に堕ちたとしても地蔵菩薩が助けてくれるのではないか？

　まずは地蔵菩薩のルーツを探ってみる。地蔵菩薩はインドの仏典にもでてくるが、中国でつくられたとされる『地蔵菩薩本願経』では、**地蔵菩薩の前世は光目女《こうもくにょ》という女性だった**としている。

「光目女という女性は、たまたま出会った羅漢《らかん》から、亡くなった母親が地獄で苦しんでいると知らされ、仏の前で『もし、私の母親を三途《さんず》の苦から救ってくださるのなら、私は百千万億劫《こう》中の地獄・餓鬼・畜生道の罪苦の衆生《しゅじょう》をことごとく救済し、仏の存在を感じさせ、自分も正覚《しょうがく》の弟子となります』と大誓願を発した」

　こうして母親は救われ、光目女は地蔵菩薩となるのである。

　ここから地蔵菩薩は地獄に堕ちて苦しむ父や母を救う存在となり、やがては遺族を救う菩薩として崇拝されるようになる。

地蔵菩薩像（ボストン美術館所蔵）

　地蔵菩薩がらみの経典は、日本では奈良時代にもたらされ、平安時代のころから地蔵信仰が一般に浸透しはじめた。この間に地蔵菩薩の姿は、僧から子どもに変わった。

●地獄で責め苦の身代わりに

それでは、地獄の地蔵菩薩はどうやって救済してくれるのか？

12世紀に編集された『今昔物語集』には多くの地蔵菩薩が登場するが、巻17第27話に次のような地獄に堕ちた女性の話がある。

「越中国立山《たてやま》にこもって修行していた延好《えんこう》という僧のもとを、深夜にたずねる女性がいた。女性は、若くして死んで、立山の地獄に堕ちたという。女性はこう言う。『生きているときは、祇陀林寺《ぎだりんじ》（京都）の地蔵講に1、2度参詣しただけで、善根を積まなかった。しかし、地蔵菩薩が毎日地獄にやってきて、朝昼晩の3回、自分にかわって責め苦をうけてくれる。ついては、自分の家族に、善根を修し、私の苦しみを救ってくれるよう伝えてくれまいか』と。そこで延好は、女性の家族にこの話をした。家族は涙を流して喜び、地蔵菩薩像を造立し、『法華経』三部を書写して亭子院《ていじいん》（京都）のお堂に法会を催した」

ここに地蔵菩薩の救いの形が示されている。**地蔵菩薩は、地獄に堕ちた者の身代わりとなって毎日3度も責め苦をうけてくれる**のだ。この女性は熱心な地蔵信仰者ではないが、おそらく地蔵講に参加したことはあったのでこのような救いをえられたのだろう。もしも地蔵講に参加していなければ、地獄の苛烈な責め苦を自らうけつづけていたかもしれない。

地蔵菩薩とは、なんとありがたい存在か……。しかし、よくよく考えてみると、女性の悲惨な立場は変わらない。六道のなかでも最下位の地獄にしばられ、そこから脱することはできないからである。悲しいかな、これが地蔵菩薩の限界なのか。

●無信仰は往生の道が絶たれる

残念ながら、この話には女性がそのあとどうなったかが記されていないが、『地蔵菩薩霊験記《れいげんき》』につづきがある。『地蔵菩薩霊験記』は『今昔物語集』の地蔵説話の下地になったもので、オリジナルは失われたが、室町時代に再編集されたものが現存する。

飛火地獄に苦しむ人々。『今昔物語集』などには、地蔵菩薩が地獄の苦しみを肩代わりすると記されている（「益田家本甲巻 地獄草紙」個人蔵）

『地蔵菩薩霊験記』によると、この女性は円照《えんしょう》坊《ぼう》という僧の母親ということになっている。円照坊の夢にあらわれた母親は、「地蔵菩薩の光によって鬼は私に近づけない。されど、鬼から逃れることはできても、地獄から離れることはできない」と言っている。そこで、円照坊が追善供養をすると、母親は地獄から天道に転生することができた。

つまり、**現世の人が追善供養することで、地獄を脱することができる**のである。ただしそこは、六道の最上位の天道である。さすがに、地獄から浄土に往生することはできない。

『今昔物語集』のほかの地蔵説話では、現世での宿業《しゅくごう》によって地獄堕ちとなった者が、地蔵菩薩を崇拝する心があれば、地獄堕ちの一歩手前の閻魔庁で地蔵菩薩によって現世に送り返される話がある。現世に蘇生したら、それから熱心に地蔵信仰に取り組めば、来世は浄土に往生できる。

しかし、前述の女性（円照坊の母）のように、地蔵菩薩への信仰心がないと、即刻、地獄堕ちだ。いったん地獄に堕ちてしまうと、いくら地蔵菩薩が責め苦の身代わりになってくれるとはいえ、そこから現世には蘇生できない。となると、浄土へのルートも見えてこないのである。

地蔵菩薩への信仰心があるかないかで、恐ろしくシビアに死後の運命が変わってしまうのだ。

05
自分の子どもを食べていた安産の神・鬼子母神

仏教の守り神のひとつに**鬼子母神**《きしもじん》がいる。鬼子母神は、安産・子育ての神として広く崇拝されている。

●踊りすぎて流産する

鬼子母神のルーツは、インドのヒンドゥー教の女神ハーリティ(hāritī)にある。このサンスクリット語の「ハーリティ」を漢訳した名前が「訶梨帝母《かりていも》」。一般には、「鬼子母神」とよばれる。

中国の義浄《ぎじょう》が703年に漢訳した『根本説一切有部毘奈耶《こんぽんせついっさいうぶびなや》』には、訶梨帝母が登場する。が、意外なことに、そこでは**恐ろしい恨みをもつ女**として描かれている。

「その昔、インドの王舎城《おうしゃじょう》に独覚仏《どっかくぶつ》という僧が説法にくるというので、それを聞きに500人もの

鬼子母神（『淫祠と邪神』国会図書館所蔵）

人が集まってきた。彼らはその道中、すれ違った牛飼いの女性にもいっしょに来るように誘った。喜んだ女性は、妊娠していたにもかかわらず、感謝のしるしとしてその場で踊りを披露した。すると不運なことに、女性は激しい痛みにたおれ、流産してしまった。打ちひしがれた彼女を介抱する者はだれもいなかった。

それから彼女は、法会に500人分の牛乳をもっていき、独覚仏に供養した。しかし、心のなかでは、『流産したこの恨みは忘れない。来世は必ず王舎城に生まれ変わり、ことごとく人の子どもを食べてやる』と誓ったのだった」

●子どもをさらっては食う

妊娠中に無理して踊って流産するというのは、自業自得といえばそれまでなのだが、だれも彼女をいたわらなかったというのは、あまりにも残酷である。この仕打ちに傷ついた彼女は、恐ろしい餓鬼に豹変し、凶行におよぶのである。

「来世で訶梨帝母として生まれ変わった女性は、般闍迦《はんじゃか》という夜叉（鬼）と結婚し、夜叉女（鬼女）

となった。そして、1000人もの子どもを産んだ。それだけの子どもがいると、体力が必要となる。子育ての滋養をつけるため、毎晩、王舎城をあちこちめぐっては他人の子どもをさらい、その肉を次々と食べたのである」

これが鬼子母神の正体である。**鬼子母神は、子どもの守り神などではなく、子どもを襲うカニバリストだった**のである。

訶梨帝母を恐れた人々は、ブッダに助けを求めた。ブッダはどうしたかというと、なぜか彼女が一番かわいがっていた末の子の嬪伽羅《ひんぎゃら》を奪って隠した。

「訶梨帝母は、気も狂わんばかりに世界中を探し回ったが、見つからない。だが、ブッダのもとにいることを知り、急いでかけつけた。するとブッダはこう教え諭した。

『おまえは1000人もの子どもがいるのに、たった1人失っただけで、このように取り乱す。それなら、おまえが食べた子どもの親が、どれほど嘆き悲しんだのか、その気持ちがわかるか？　子どもがかわいいことは、人間でも鬼神でも変わらないのだ』

訶梨帝母は、そこではじめて自分の過ちを悟り、もう他人の子どもを食べないことを誓ったのである」

こうして訶梨帝母は、仏教に帰依し、慈愛の母神に変身した。子どもを食べることをやめ、反対に、安産・子育ての守り神となったのである。

鬼子母神とともに『法華経』を守る神として描かれる羅刹女。図のように、普賢菩薩の眷属として描かれることも多かった（『田米知佳画集』国会図書館所蔵）

●ザクロは人肉の代用？

鬼子母神には、安産・子育てを守るほかに、もうひとつの役割がある。『法華経』「第7陀羅尼品《だらにぼん》」には、鬼子母神が10人の羅刹女《らせつにょ》（鬼神）とともに、『法華経』を守ると誓うシーンがある。ここから鬼子母神は「法華経を守る神」とされ、とくに『法華経』を最高の経典とする日蓮宗の寺院で祀られ、崇拝されるようになったのである。

ところで、鬼子母神の姿には、美しい天女型のほかに、恐ろしい姿をした鬼女型が存在する。

天女型は、天女の羽衣《はごろも》をつけた美しい女性で、満ち足りた表情をしている。右手にザクロ（吉《きっ》祥果《しょうか》）をもち、左手に子どもを抱きかかえている。この子は、末の子の嬪伽羅の場合が多い。さらにその周りで子どもたちがたわむれている。

一方の鬼女型は、眼光鋭く、口が大きく牙がみえ、鬼のような形相をしている。これは、『法華経』の信者の邪魔をする者を戒める姿をあらわしている。

美しい天女型についても、見方によってはこれも恐ろしい。なぜなら、右手に**ザクロ**をもっているからだ。ザクロは、種が多いので、安産の象徴といわれるが、次のような説もあるのだ。

ブッダは、訶梨帝母にザクロをあたえ、「他人の子どものかわりにその実を食べよ」と戒めたという。これは日本でつくられた俗説のようだが、なぜザクロだったのかを考えてみよう。

たとえば、施餓鬼では、ザクロの木の下に食事を置いてはいけないとされる。理由は、餓鬼が食べ物といっしょにザクロの実を食べてしまうからだ。**ザクロは人肉のような味なので、その味を知ってしまうと、人間が襲われる恐れがある。**もちろんそんなことはないのだが。

つまり、ブッダが訶梨帝母にザクロをあたえたというのは、それが人肉の味がするからである。訶梨帝母（鬼子母神）は、子どもを食べないと誓ったものの、ザクロで代用していただけなのである。

鬼子母神は、けして人肉の味を忘れていない。安産・子育ての守り神でありながら、いまも子どもの肉を欲しているのである。

06 業が深いと子に食べられ子を食べる餓鬼道と畜生道の恐怖

●子どもを溺愛しすぎると畜生道堕ち

生きているものはすべて（一切衆生《いっさいしゅじょう》）、六道を輪廻《りんね》する。六道のうちでも、飢えや渇きに苦しむ餓鬼道と、間断なきリンチをうける地獄道は絶対に避けたいところ。では、生き物に生まれ変わる**畜生道**はどうだろうか？　生き物になるならまだましかもしれない。灼熱で焼かれたり、串刺しになるわけではないのだから。

だが**畜生道は、餓鬼道と地獄道とならぶ「三悪道」のひとつ**で、けして堕ちてはいけない場所である。

鎌倉時代後期の僧・無住《むじゅう》があらわした『沙石集《しゃせきしゅう》』には、次のような話がある。

老いてカラスに襲われる馬や、人に使役される牛などが描かれた、畜生道の図（「六道絵」部分／聖衆来迎寺所蔵）

「京都に貧しい母と娘が住んでいた。親子は、縁をたよって越後国にうつるが、暮らしは一向によくならない。娘は、京都からきた念仏者の妻となった。念仏者は、京都で暮らそうと説得するが、娘は、母と離れることを嘆いて聞き入れない。そこで念仏者は母を説得した。

するとと母は、『離れていても、都であなたが安心して暮らしていると思えば、私の心は慰められます。それが親孝行というものです』と言う。それを聞いた娘は、泣く泣く念仏者と上京した。

それから親子は互いに音信不通となる。あるとき、娘は夢のお告げを聞く。『おまえの母はおまえと別れたことを嘆くうちに病気になり、ほどなく死んだ。いまは栗毛ぶちの駄馬となり、京都にいるだろう』と。

娘があわてて探したところ、その馬は昨日、鎌倉へ向けて連れていかれたところだった。使いの者が馬をおってつかまえ、帰ろうとすると、その馬は急に病気となり、死んでしまった。使いは、手ぶらでは帰れないので、馬の頭を切って持ち帰った。娘はその馬の頭を袖でおおい、人目もはばからず泣いた」

この話では、なぜ母親が生まれ変わって馬になったのか、つまりなぜ畜生道に堕ちたのかがわからないが、無住の説明によると、**娘への執着心の強さが原因**だという。母親が娘との別れを嘆くあまり、畜生道に堕ち、馬となったのだ。親が子どもを愛するのはいいが、愛しすぎると、周囲が見えなくなり、他人への配慮が失われる。それは、子どものためにもならない。本当の親の愛の姿ではない、という教えである。

現代の親にとっても身につまされる話だ。

●食べてる生き物は自分の親か

それでは、畜生道はなにが怖いのか？　それは、人間である。

生き物になると、人間に襲われる。人間は生き物を食べて生きているからだ。人間には悪気はないが、生き物にとっては人間は天敵である。

畜生道で生き物に生まれ変わると、人間に食べられる。すると考えてみればわかるが、畜生道に生まれ変わった親は、現世の自分の子どもに食べられる恐れがある。

『沙石集』に、もうひとつこんな話がある。

「唐の僧侶である拾得《じっとく》と寒山《かんざん》の二人は、ある在家の人から接待をうけた。ところが、人々が酒を飲み、肉を食べて楽しんでいる様子を見て、二人はなぜか異様に笑うので、主人は興ざめしてしまった」

なぜ二人の僧侶は笑ったのか？　後日、拾得は師にこう説明した。

「前世における親の子に対する執着心の強さから、親は畜生に転生し、いまは食べ物となっている。彼らは、その食べ物が親とも知らず、食べ、楽しんでいた。あまりに悲しくなって泣いていたのを、彼らの目には笑ったように見えたのでしょう」

先の親子の話のように、親は子どもへの執着心の強さにより畜生道に堕ちる。親としてはこれは避けるべきだが、では現世に残された子どもが気をつけなければいけないことはなにかというと、**生き物になった自分の親を食べない**ことである。

寒山拾得図（メトロポリタン美術館所蔵）

我々が食べている生き物は、自分の父母や祖先かもしれない。しかし、そんな見分けはつかない。ならば、生き物を食べるのをやめるしかない。つまり、殺生はやめるべきという教えに行き着く。

とはいえ、生きるためには殺生は避けられない。そこで無住は、生きるための殺生と、そうではない殺生を区別した。欲望や快楽のために生き物を殺すことは、理不尽な殺生であると戒めたのである。生きるための殺生はよしとする。

理不尽な殺生をすると、残された者から敵討ちの対象となったり、殺された者が怨霊となって殺した者を攻撃することがある。

『沙石集』には、鷹を使って雉《きじ》狩りをしていた者が、突然、腿《もも》の肉をまるで刀で切り取られるようにえぐられて悲鳴をあげた話がある。本人は、「雉が腿に食いついた」というが、周りの者には雉など見えない。殺生を犯した者が、現世でその報いをうけたのである。

●飢えを満たすため自分の子を食べる

畜生道に堕ちた親を子どもが食べる。それとは反対に、餓鬼道に堕ちた親が子を食べるという話がある。『沙石集』の次のような話だ。

「讃岐房《さぬきぼう》という僧が、病気で亡くなった。讃岐房は、地蔵菩薩に連れられ、無数の餓鬼のいるなかに入っていくと、ある餓鬼が地蔵に言う。『この僧は我が子です。子育てで苦労をしたため罪を犯し、報いをうけました。餓鬼の習慣は、子を食べることです』と。地蔵は、『これはお前の子ではない』

と言って、そのまま通りすぎた。地蔵があとで讃岐房に言うには、『あの餓鬼はおまえの実の母である』という。讃岐房を助けるため、ウソを言ったのだという。『心して母に対し孝養をして、苦しみから救ってあげよ』。そう言って地蔵は去っていった」

このように、**餓鬼となった親は、自分の飢えを満たすため、自分の子どもを食べようとする**。こうした親がなぜ餓鬼道に堕ちているかというと、自分のことだけに執着した罪による。子どもを育てるために苦労したなどと言うが、本当は自分ばかりが強欲に食べて、子どもには十分に食べ物をあたえなかったのだ。

このように、親と子は輪廻転生のなかで知らず知らずのうちに、「食べる／食べられる」の関係に陥ることがある。六道から解脱《げだつ》しないかぎり、親子間のカニバリズムからは逃れられないのである。

07 行基を悪く言うと地獄堕ち 熱烈な信者集団たち

●行基を非難すると地獄堕ち

行基《ぎょうき》といえば、奈良時代の名僧である。「大徳《だいとく》」とか「菩薩」とよばれ、人々の崇敬を集めた。なぜ行基がそれほどの崇敬を集めたかというと、庶民たちのあいだに入って、その救済にあたったからだ。行基は僧院や尼僧、橋、布施屋《ふせや》（無料宿泊所）、池、水路、道路など多くの施設をつくったが、こうした社会事業を庶民たちと行ったのである。

社会事業を行った僧は行基がはじめてではないが、その規模と影響力は絶大で、やがて聖武《しょうむ》天皇の求めに応じて、奈良の大仏建立にも協力した。そして745年、仏教界のトップの座である大僧正《だいそうじょう》にのぼりつめた。

そんな名僧だからこそ行基は崇拝の対象となり、**けして侮辱などしてはいけないと考えられていた。**

『日本霊異記《にほんりょういき》』という書物がある。9世紀、景戒《けいかい》（「きょうかい」とも）という薬師寺の僧がまとめた日本初の仏教説話集だ。このなかには行基に関する話が7つ収録されているが、その1つにこんな話がある。

「智光《ちこう》という元興寺《がんこうじ》の僧が、行基に嫉妬して、こう文句をたれた。『私は智人である。行基は沙弥《しゃみ》である。どうして天皇は私をお認めにならずに、沙弥ばかりをほめてとりたてるのか』と。すると智光は、たちまち病に侵され亡くなってしまった」

「沙弥」というのは、自ら出家した僧で、完全な戒《かい》（具足戒《ぐそくかい》）をうける前の僧である。受戒《じゅかい》すると国家から正式の僧（官僧）と認められる。智光は官僧だったが、行基は沙弥のままだった。そのため、智光の非難も当然である。が、彼はそれによって亡くなってしまった。話はこれで終わりではない。

「智光は2人の獄卒《ごくそつ》によって、閻魔大王のところに連れていかれた。導かれるまま西のほうに行くと、黄金の宮殿があらわれた。獄卒に聞くと、『あれは行基菩薩が生まれ変わる極楽で、おまえの行くところではない』としかられた。さらに北のほうに行くと、だんだん熱

行基菩薩坐像（西大寺所蔵）

くなり、獄卒の命令で、焼けた鉄の柱を抱かされた。智光の肉はただれて骨だけとなったが、3日たって獄卒が箒で柱をなでると、もとの身体に戻った。さらに北に行くと、前よりももっと熱い銅《どう》柱《ちゅう》を抱かされ、またもとの身体に戻された。これを繰り返し、地獄の責め苦をうけつづけた。やがて獄卒に連れられ東へ帰り、はっと気づいたときには9日がたっていた。蘇った智光を目にした弟子たちは泣いて喜んでいた」

行基を侮辱すると、地獄に堕ちるという教えである。官僧かどうかは関係ないのだ。

●異様な信者集団だった

ところで、行基は本当に「菩薩」といえるほどの名僧だったのか?

行基のもとには多くの人が集まり、巨大な信者集団が生まれていた。当初、朝廷はこれを警戒し、717年に詔《みことのり》を発し、行基を名指しで批判した。その文言からは、行基たちが行っていた怪しい行為が伝わってくる。

「**行基とその弟子たちは、道にちらばって、みだりに罪業と福徳のことを説いてみたり、指を焼いたり、ひじの皮をはいでそれに写経したり、家々をめぐっては適当なことを説いて食べ物などを奪って、聖道《しょうどう》と称して人々を惑わせている**」

指を焼いたり、生皮に写経というのは、捨身行《しゃしんぎょう》（p71参照）というインド発祥の苦行法で、中国経由で伝わったもの。行基は百済《くだら》系の氏族なので、中国の文化に精通していて、こうした修行法を当然のように取り入れたのかもしれない。それにしても異様だ。

さらに、『日本霊異記』に戻ると、ここにもかなりきわどい行基の話が収録されている。

「河内国若江郡川俣《かわまた》の里のひとりの女が、子どもを連れて行基の説法を聞きにきたが、その子が泣きわめくので、説法をろくに聞くことができなかった。じつはその子どもは、10歳をすぎても歩くことができず、泣いては乳を飲み、いつも食べてばかりで、母親をひどく困らせていた。すると、行基が母親にこう言った。

『おまえの子を連れ出し、淵《ふち》に捨てなさい！』

行基様がなんとひどいことを言うのかと、人々は驚いた。女は子どもがかわいいので捨てられず、かえって強く抱いた。翌日も説法を聞きにきたが、子どもがまた泣きわめくので、説法の邪魔になった。するとまた行基が言った。

『その子をいますぐ淵に捨てなさい！』

するとと女は、行基に逆らえず、なんと子どもを深い淵に投げ捨ててしまった。子どもは、手足をバタつかせて、いちどは水に浮かんだが、ついに溺れ死んだ。

女が戻ると、行基は言った。

『おまえは前世であいつのモノを借りて返さなかった。そこであいつは子どもに生まれ変わり、負債を取り戻すために食べていたのだ。あいつは昔の借主なのだよ』」

●子殺しを命じた背景

人から借りたものを返さずに死ぬことなどできない。さもなくば、怨霊の生まれ変わりが子どもに生まれ変わって取り立てにくる。そんな教えになっている。

このように『日本霊異記』では、「善い行いをすれば善い結果がえられ、悪い行いをすれば悪い結果となる」という仏教の因果応報の教えを説くパターンが多い。

それはいいとして、この話は実話にもとづいている可能性がある。なにもないところからこんな話は生まれない。おそらく、障害のある子どもを養う金銭的・精神的な余裕がなくなり、疲弊している母親がいたのだろう。母親は、子どもが重荷だが、かわいいので捨てられない。行基はそんな母親を見て、子殺しを命じた。母親にしてみれば行基に強く背中を押されて救われた面があっただろうが、これはただの殺人行為である。

「前世で借りたモノを返さなかった」というのも、確かめようがない。いくらでも作り話はできる。そもそもどんな理由にしても子殺しは正当化されない。

行基は本気で信者を助けようとしたのだろうが、客観的に見れば、一声で信者を殺人鬼に仕立てあげる力をもった危険な教祖でしかないのだ。

08 本当は嫌われていた遊行者 侮辱すると恐ろしい天罰がくだる

●遊行聖のお経をバカにして口がまがる

各地をめぐり布教を行う宗教者のことを「**遊行者**《ゆぎょうしゃ》」という。「**聖**《ひじり》」ともよばれ、仏教を説く者は「念仏聖」や「勧進聖《かんじん》」「遊行聖」などという。高野山《こうやさん》からでた密教修行者は「高野聖」である。

中世までは、遊行聖は阿弥陀如来の使者であるとされ、食べ物や宿を求められれば、どこでも手厚く接待してもてなした。**もしも接待を拒絶すれば、天罰が下るとされた**。これを逆手にとって、強引に食べ物や宿を強要する聖がいたので、人々から嫌われていた面もあった。

『日本霊異記』には、こんな話がある。

「京都のある男のもとに遊行の乞食僧《こじきそう》がきて、『法華経《ほけきょう》を読むから食べ物をくれ』という。そのお

鎌倉時代以降に流行した時宗の面々。開祖である一遍は踊りながら念仏を唱える踊念仏を日本各地に広めた（「一遍聖絵」部分／国会図書館所蔵）

経を聞いた男は、口をゆがめて笑い、その読み方を真似してバカにした。するとたちまち男の口がゆがんでしまい、薬で治療したけれども、ついに治らなかった」

遊行の乞食僧のお経を侮辱してはいけない、という教えだ。

同じく『日本霊異記』には、遊行の沙弥を虐待した話がある。

「奈良に生まれつき性格の悪い男が住んでいた。彼は施しを求める僧を嫌い、憎んでいた。あるとき遊行の僧があらわれ、男に食べ物を求めた。しかし、男は食べ物をあたえず、反対に袈裟《けさ》を奪って言った。『おまえはどういう類いの僧か？』。僧は『私は沙弥である』と言う。男は僧を追い出した。

男は、その日の夕方、鯉《こい》を煮て、翌朝、起きて鯉を口に含み、酒を飲もうとすると、口から黒い血を吐き出した。横ざまに倒れて、もうろうとして息を引き取った」

遊行の沙弥を虐待すれば、たちどころに命を落とす。施しを求める僧がいたら、喜んで施しをすべし。そんな教えになっている。

あの弘法大師《こうぼうだいし》空海にも同じような話が伝わる。空海といえば、修行時代、遊行聖として日本全国を行脚《あんぎゃ》して、いろいろな奇跡を起こして人々を救ったという伝説があるが、反対に人々から無碍《むげ》に扱われることもあった。

「大師がみすぼらしい乞食の僧の姿で旅をしているとき、一杯の水をのぞんだが、水をあたえてもらえず、その村は水が涸れてしまった」（水無瀬川伝説）。

「芋を洗う老婆に芋を求めたところ、老婆が『この芋は固くて食えねぇ』とウソをついて断ったところ、その村の芋は固くて食べられない石芋になってしまった」（石芋伝説）。

遊行の空海の接待を断れば、恐ろしい天罰がくだされるのだ。

●8人の子どもと妻を亡くした男

中世から近世にかけて、遊行聖の真似をして各地をめぐる旅にでる庶民があらわれた。観音や地蔵、薬師如来を次々にたどっていくもので、こうしてできたのが、西国の観音霊場詣《もうで》や四国霊場めぐりである。

観音霊場詣は、室町時代のころから庶民が参加し、西国三十三所から坂東《ばんどう》三十三所、秩父三十三所などと広がりをみせ、あわせて百観音霊場をめぐる聖地巡礼として定着した。

一方の四国霊場めぐりは、「島」という一つの隔絶した世界で固定された。「**遍路《へんろ》**」といって、ほかの霊場めぐりの「巡礼」とは区別され、また弘法大師信仰とも結びついた。

この四国遍路は、いまでこそレジャー化しているが、**もともとは暗く凄惨なイメージがつきまとっていた**。そもそも、遍路の始祖とされる衛門三郎《えもんさぶろう》の話が壮絶である。

「衛門三郎は神仏に背を向け、世間から嫌われていた。あるとき、旅の僧が托鉢《たくはつ》に訪れたが、衛門三郎はそれを断り、鋤で僧のもつ鉢を割った。僧の鉢は8つに割れた。翌日から衛門三郎の8人の子どもが相次いで亡くなり、妻も亡くなった。それをきっかけに衛門三郎は悔い改め、遍路にでかけ、そのまま死んでしまった」

さいご、焼山寺《しょうさんじ》の山麓で弘法大師に出会い、伊予領主の子どもに生まれ変わったという伝説もあるが、妻子を失うという衛門三郎がうけた天罰は過酷だった。

●死人が多かった四国遍路

遍路となった者の多くは、郷里から捨てられ、もはや帰るところもない人々である。そのため、故郷の役人が発行する遍路のための身分証明書である「**捨往来手形**《すておうらいてがた》」があり、そこには「遍路が行き倒れで死んでも故郷に知らせなくてよい」ということが記されていた。つまり彼らは、四国の土地で無縁仏となるほかない悲しい運命にあったのである。

四国遍路にも接待の習俗があった。しかし、遍路がみな歓迎されていたわけではない。遍路道のそばには、農家の主人などが泊めて接待してくれる「善根宿《ぜんこんやど》」というものがあった。宿

明治時代に刊行された遍路の案内書に描かれた挿絵（『四国遍路御詠歌道中記』国会図書館所蔵）

の主人は遍路に「善根」をほどこすことで、自分の罪の消滅を願った。しかし、健康な遍路は座敷に通したが、重い病気をかかえた遍路はしばしば納屋に入れた。そこにははっきりとした差別があったのである。

観音堂や地蔵堂につくられた無料宿泊所の「遍路屋」のほか、病人や下層民が泊まる「通夜堂」もあった。しかし、遍路のなかには通夜堂にさえ泊まれない人もいた。伝染病をもつとみられた遍路は一般の遍路から追い出されたのだ。

宿がなければ野宿するしかない。当然、そのまま行き倒れとなる者もいた。そもそも故郷をおわれた人々は、一生遍路をつづけるほかなく、いつかは死を迎える。

巡礼者の行き倒れや病死はほかの巡礼でもよくあったが、四国遍路の死亡者はほかの巡礼に比べるとはるかに多かった。それは、病人や下層民が多く、**そもそも故郷をおわれた遍路は四国を死に場所として選んできていた**からである。

遍路の死体は村人が手厚く弔い、供養し、遍路墓を建てた。墓の建立は接待のひとつでもあった。しかし、亡くなった遍路が全員、墓を建ててもらえたわけではない。それなりの金を残した遍路は遍路墓を建ててもらえたが、名もない遍路の多くは土に埋めるだけ。それもまだいいほうで、発見された死体が隣村に捨てられたり、溺死体は下流に流されることもあった。死体処理は村人にとって負担でしかなかったのだ。

遊行者を接待すべしという教えは形ばかりで、生きていれば差別され、死体となればますます粗野に扱われる。遍路が見た現実は、無慈悲で残酷な世界だったのである。

第二章 仏教の過酷な修行法

09 日本のミイラ即身仏は人々を救済するために生まれた

●空海も即身仏になっていた？

即身仏《そくしんぶつ》とは、食を断った修行僧が入滅し、ミイラになったものだ。日本には即身仏が20体以上現存するといわれ、とくに山形の出羽三山《でわさんざん》（月山《がっさん》、羽黒山《はぐろさん》、湯殿山《ゆどのさん》）の山麓地帯には集中的に存在する。これらの即身仏はどのような目的で、どのように生まれたのだろうか？

平安時代末期の日本では末法《まっぽう》思想が流行した。末法思想とは、釈迦の入滅後、1500年がたつと、戦乱がつづき、天変地異が起こるという考えだ。この末法の世の中に広がったのが浄土信仰で、「南無阿弥陀仏《なむあみだぶつ》」と唱えるだけで極楽浄土に往生できるとされた。浄土信仰の僧たちは、競うように念仏を唱え、往生した。そのとき、不思議なことが起きた。死んでも肉体が腐らない者があらわれたのだ。これが初期の即身仏と考えられる。

たとえば、摂津国勝尾寺《かつおじ》の座主・証如《しょうにょ》は、20年に及ぶ厳しい苦行の果てに、867年、仏前で手に定印《じょういん》を結んだまま入滅したが、遺体は21日たっても腐ることなく、臭いもなかったという。さらに奇妙なことに、火葬にしても定印を結んだ手だけは燃えなかったという。

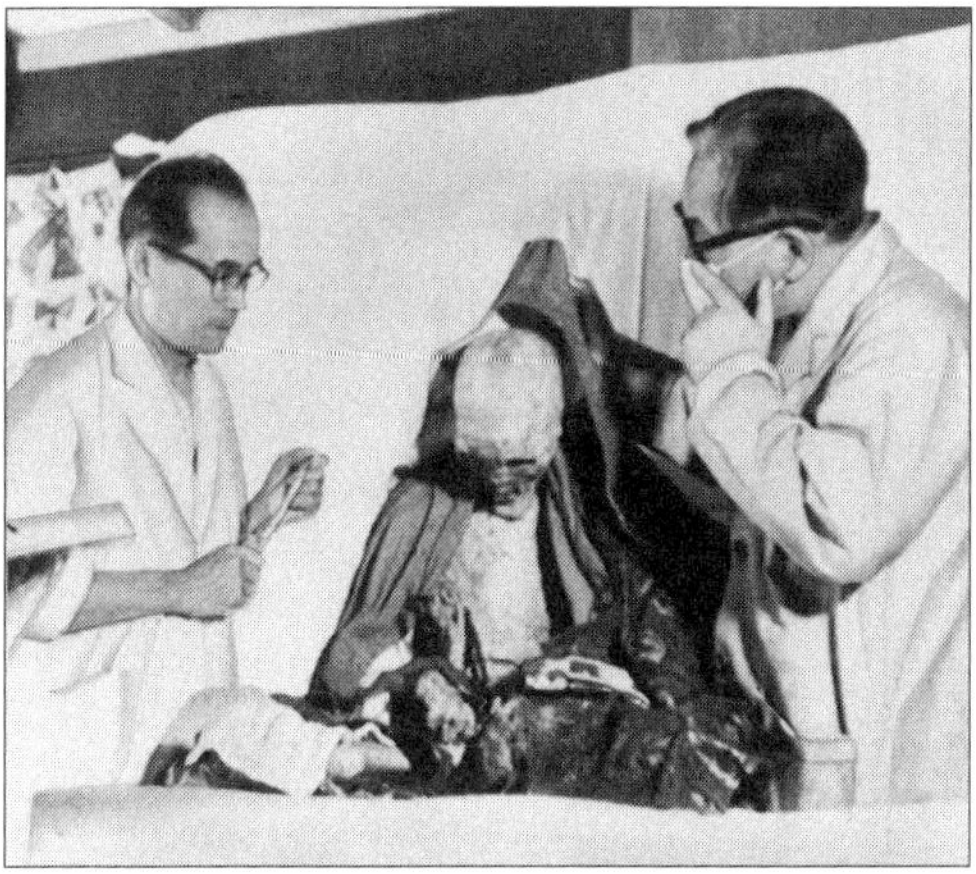
出羽湯殿山にある南岳寺の即身仏・鉄竜海上人。江戸時代後期に生まれ、明治時代に即身仏となった。写真は1960年に早稲田大学などの研究者が調査したときに撮られた（毎日新聞社提供）

また、有名なところでは、空海がいる。真言宗を開いた空海も即身仏になっているのだ。

空海の死は、835年。入滅の年に弟子が記した『空海僧都《そうず》伝』によると、空海は高野山で食べ物を断ち、病気で入滅し、東峰に埋葬されたとある。また、『続日本後紀《しょくにほんこうき》』の記述からは、火葬にされたことが読み取れる。史実では、ミイラになっていない。

ところが、空海の死から130年以上がたって書かれた『金剛峰寺《こんごうぶじ》建立修行縁起』（968?）を見ると、「遺体を埋葬せずにおいていたが、四十九日御忌《ぎょき》に弟子たちが見ると、顔色ひとつ変わらず、

弘法大師空海。即身仏になったという伝承があるが、その記録が現れるのは死後130年以上たってから（『集古十種』国会図書館所蔵）

髪が長く伸びていたので、カミソリでそり、衣装を整えた」とある。つまり、即身仏になったということだ。ここにおいて、空海は即身仏となったと考える空海入定《にゅうじょう》伝説が生まれたのである。『金剛峰寺建立修行縁起』を書いたのは、東寺《とうじ》の仁海《にんがい》である。彼は、空海の死後に衰退していた高野山の復興に奮闘していた。どうやら、**空海入定伝説は、高野山を再興するために捏造されたもののようだ。**

空海の伝説は発展し、16世紀には、空海土中入定伝説になった。「空海は土のなかに生きながら入り、ミイラ化した」というものだ。これはキリスト宣教師フロイスが1565年に書いた書簡で確認できる。

●即身仏信仰は新潟経由で湯殿山へ

空海入定伝説はかなりのインパクトがある。じつは、この空海の伝説が、江戸時代になって本格的な即身仏の流行を生み出す下地になったと考えられる。

新潟県には、2つの重要な即身仏がある。1つは、真言宗・西生寺《さいしょうじ》にまつられた弘智法印《こうちほういん》の即身仏だ。弘智法印は1363年に亡くなった。これは現存する日本最古の即身仏にあたる。もう1つは、真言宗・玉泉寺にまつられた淳海上人《じゅんかいしょうにん》の即身仏である。淳海上人は1636年に亡くなっており、これが日本で2番目に古い即身仏にあたる。しかし、残念なことに、明治時代の火事で焼失している。この2つは、地上入定型だ。

興味深いのは玉泉寺から見つかった文書で、それによると、淳海上人は高野山で修行していたらしい。すると、淳海上人を通して、高野山から空海入定伝説が新潟に伝わったと考えられる。また、淳海上人の弟子も即身仏となっている。それが曹洞宗・観音寺にまつられた全海上人だ。全海上人は、淳海上人の指導のもと、山形の湯殿山の大日坊に行って修行した時期があるので、彼が空海入定伝説を湯殿山に伝えた可能性が高い。

こうして即身仏信仰は、江戸時代に、そのメッカとなる湯殿山に伝わったのだ。そして、湯殿山ではさらに過酷な土中入定型が編み出され、流行するのである。

●土中で念仏を唱えながら死ぬ

湯殿山の即身仏行者は、修行として**木食行**《もくじきぎょう》という徹底した食事制限を行い、肉体の脂肪分を落とす。**生きながらにミイラに近づく**のだ。また修行では、木食行をしながら山籠《さんろう》したり、寒中に水垢《みずご》離《り》を行ったり、太いローソクを掌でともす手灯行《しゅとうぎょう》をしたり、ミイラ化しやすいようにと漆を飲んだり、すすんで危険な荒行《あらぎょう》に身を投じる。

即身仏となったのは誰かというと、下級武士や農民など、身分の低い階層の出身者が多い。前科者や流れ者もいた。正規の出家僧など、裕福な人々は即身仏にならない。

湯殿山で最初に即身仏となったのは、下級武士だった本明海上人だ。彼は、藩主・酒井忠義《ただあき》の病気の快復を祈願して即身仏となった。しかも彼は土中入定を行った。土中入定の最初の事例だ。1683年、本明海上人は「3年3か月後に掘り起こすように」と遺言し、土のなかに入った。土中入定では、大穴を掘って入り、竹一本を上部にのばして息つき竹とし、念仏を唱えながら死んでいく。死ぬまでの苦痛は大きく、長びくので、とても常人にできるものではない。本明海上人の土中入定地は、いまも本明寺の本堂裏に残る。

2人目の即身仏も下級武士出身の忠海上人（海向寺《かいこうじ》、1755年入定）だった。それから農民出身の真如海上人になる（1783年入定）。真如海上人は武士を切りつけてしまったことから、修行に入り、即身仏となった。いずれも土中入定である。

この2人が入定したのは、歴史的な大飢饉が東北地方を襲った年にあたる。庄内藩は慢性的な財政難をかかえ、人々はつねに飢饉と重税に苦しんでいたが、そこに大飢饉が追い討ちをかけた。餓死者の屍体を食べる人肉食も起きたという。こうした大飢饉が、即身仏信仰の背景になったと考えられる。つまり、大飢饉が起きると、即身仏行者は湯殿山にこもり、修行と木食行を行い、土中入定した。土中入定には民衆救済の祈願の意味があったのだ。湯殿山系即身仏の入定の年が、重税や飢饉が襲った年にあたるのはそのためだ。

また、木食行を行うのは、ミイラになるためという側面だけで考えることはできない。木食行で食べることがゆるされるのは、木の実や野草などの飢饉食。人々を救うためにすすんで飢饉食をとり、祈ったのである。**木食行にも民衆救済の祈願の意味があった**のだ。

江戸時代には、湯殿山以外でも全国的に多くの土中入定伝説が伝わる。首だけ出したまま土のなかに埋まり、水が枯れることのないよう水田地帯を眺めながら入定した例や、反対に水難から人々を守るために人柱として土のなかに埋まった例などがある。行者のほとんどが下級僧で、想像を絶する恐ろしい土中入定の話が伝わる。

しかし、恐ろしいからと目を背けるわけにはいかない。平安末期の往生が基本的に自身の浄土再生をめざしていたのとは異なり、江戸時代の土中入定の多くが、人々の救済を願って命をささげていたからだ。それが純粋に利他的な宗教行為であったことは忘れてはならない。

10 仏像のなかにいまもミイラが死後にミイラとなる中国の肉身仏

●防腐処理でミイラ化

日本ではミイラ化した僧を「即身仏《そくしんぶつ》」というが、**中国では「肉身仏《にくしんぶつ》」とよぶ**。「即身仏」と「肉身仏」には微妙な違いがある。日本の即身仏は、厳しい修行のすえに生きたままミイラとなる。一方、中国の肉身仏では、遺言などにより、**死後の遺体を人工的にミイラにする**。また肉身仏では、遺体に防腐処理をして、なるべく生前の姿を復元し、金泥などをぬって、仏像のように加工する。見た目はミイラというより、ほとんど仏像となる。この点も、ミイラのままの外見を残す日本の即身仏とは違う。

中国の肉身仏は、**外見は仏像だけど中身はミイラ**である。そのため近年になって、仏像をCTスキャンしたら、1000年も前のグロテスクなミイラが映し出された、というのがニュースになった。もちろん昔からミイラが入っているとわかっていたとはいえ、実際に仏像のなかにミイラがいると思うとゾッとする。

中国の肉身仏の歴史は古い。**そもそも中国には、不老長寿を求めて薬草や鉱物をとる神仙思想の道教があった**。そこに仏教の思想が加わり、肉身仏が生まれたと考えられる。

もっとも古い例でいうと、訶羅竭《からけつ》という僧が、298年、婁止山《ろうしざん》の石室に座禅して入滅した。荼毘《だび》にふしたところ、いくら焼いても座禅したまま灰になることがなかったので、石室に戻した。それから30年してから遺体を見てみると、いぜんとして坐禅したままだったという。

また359年には、単道開《たんどうかい》という敦煌《とんこう》出身の僧が、7年間の穀断ちののち、羅浮山《らふせん》という山のなかで入滅した。弟子たちは遺言にしたがい、遺体を石穴のなかにおき、3年ほどして見ると、ミイラ化した遺体が残っていたという。

このころはまだ遺体に防腐処理はしていない。自然のままミイラとなっていたので、日本の即身仏に近い。

6、7世紀になると、廟《びょう》や塔をつくってミイラを安置するようになり、一般の人々の礼拝の対象となった。

肉身仏が集中する九華山（江上清風 1961/CC BY 3.0）

そして隋・唐の時代になると、遺体に防腐処理をして、仏像のように加工して、肉身仏にするようになった。また「**加漆肉《かしつにく》身像《しんぞう》**」というものも生まれた。これは、僧の遺体に何重にも麻布をまいて、漆をぬり、さらに彩色し、ミイラ像をつくりあげるものだ。**高僧は死後にミイラになると信じられていた**ことから、高僧であることを証明するために、死後に加漆肉身像という特殊な手法を用いて強引にミイラとなったのである。

肉身仏が集中しているのは、安徽省《あんきしょう》南部青陽県《せいようけん》の**九華山《きゅうかさん》**である。ここは中国四大仏教名山《しだいぶっきょうめいざん》に数えられ、地蔵菩薩の霊山である。

401年に地蔵菩薩をまつる化城寺《けじょうじ》が建てられたのがはじまりで、その後、新羅《しらぎ》の王族である金地蔵（金喬覚《きんきょうかく》）が開元《かいげん》年間（713〜741）に修行した。地蔵菩薩になることを願った彼は、99歳で入滅。その肉体は3年たっても腐敗することなく、肉身仏として塔におさめられ、信仰の対象となった。

九華山では、その後も断続的に肉身仏が生まれた。現在、九華山には14の肉身仏があるとされ、そのうち5体を見ることができる。

●中国で肉身仏となった日本の僧

中国の肉身仏信仰は、当然、日本にも伝えられている。

もっとも大きな影響をあたえたのが、僧伽《そうぎゃ》だ。『宋高僧伝』によると、僧伽は710年に83歳で長安の薦福寺《せんぷくじ》で入滅した。遺体はただ瞑想しているような姿の肉身仏となったので、泗州《ししゅう》の普光王寺（のちの普照王寺）に塔をたてて安置した。822年に寺が火事になり全焼したが、僧伽の肉身仏はまったく損傷することなく残った。こうした奇跡が重なったことで、僧伽の肉身仏に対する熱烈な信仰が生まれた。

やがて、京都・大雲寺の僧・**成尋《じょうじん》**がこの肉身仏を実際に見ることになる。1072年、成尋は62歳で宋代の中国にわたった。たいへんな呪力の持ち主として知られた成尋は、大干ばつから人々を救うため雨が降るように祈ると、3日目の夜に雷鳴と稲妻とともに大雨を降らせたと伝えられる。

成尋は中国に着いたその年に、普照王寺を訪れている。そこで僧伽の肉身仏を見た。「黄金の宝座のなかで、大きな鏡を背にして座っていた」と、成尋は『参天台五台山記《さんてんだいごだいさんき》』に記録している。また成尋は、僧伽の肉身仏の画像を日本に送っていて、その画像は大雲寺に保管されているという。

成尋が僧伽のことなど中国の肉身仏について書いたものは、日本で交流のあった大江匡房《おおえのまさふさ》がうけとっていた。大江は『本朝神仙伝《ほんちょうしんせんでん》』で空海入定伝説についてふれていて、即身仏や肉身仏に関心を強めていた。僧伽から聞いた話を『続本朝往生伝《ぞくほんちょうおうじょうでん》』などに書いて、肉身仏を広める役割を担ったのである。

こうして中国の肉身仏信仰が日本でも知られるようになり、やがては出羽湯殿山の即身仏信仰として定着するのである。

ところで、成尋は帰国することなく1081年に中国で入滅している。成尋の入滅のときの様子は、大江匡房の『続本朝往生伝』などに次のように書かれている。

「入滅の7日前より人々を集めて念仏し、西に向いて亡くなる。それから3日、寺のなかに安置するが、遺体に乱れるところなく、漆がぬられ金がちりばめられた」

成尋は、こうして自らも中国式の肉身仏となったのである。

11 厳しい苦行の果てに即身成仏をめざす神秘主義的な山の宗教・修験道

●古来の山岳信仰から生まれた

修験道《しゅげんどう》は、日本オリジナルの山の宗教である。縄文時代以来の山岳信仰をベースに、陰陽道《おんみょうどう》や密教、神道が融合して形成された。

日本人の山岳信仰は、自然現象としての山そのものを神とするのではなく、その山に鎮まる霊を神とする。そのため、修験道の山には神をまつる神社と、山に集まる霊をまつる寺がある。また、**霊がいるので山は他界とされ、山を地獄や浄土とみたてる観念が生まれた**。

修験道を開いたのは、奈良時代の山岳修行者・役小角《えんのおづぬ》といわれている。彼は、**不思議な呪術**を使って怖れられた。伝説では、鬼人を使い、水を汲ませ、薪を取らせた。鬼人がしたがわなければ、呪術を使って縛り上げた。また、谷から谷を一瞬でわたり、鬼人を使ってさまざまな土木工事を行ったという。しかし、あまりの呪術の異常さが人々を惑わすとして、伊豆の大島に流されていた時期がある。

役小角は大和国の葛城山《かつらぎさん》や金峯山《きんぷせん》で活動していたが、その修行のなかであらわれたのが蔵王権現《ざおうごんげん》である。したがって修験道では、密教の大日如来や不動明王をまつるとともに、蔵王権現を守護神としてまつる。

修験道は、平安時代になると天台宗や真言宗の密教的側面を吸収しながら教団として発展した。その拠点は全国の山岳地帯に広まり、加賀（石川）の白山《はくさん》、越中（富山）の立山《たてやま》、伯耆《ほうき》（鳥取）の大山《だいせん》、日光の二荒山《ふたらさん》、富士山、戸隠山《とがくしやま》、伊豆の走湯山《そうとうざん》、出羽（山形）の羽黒山《はぐろさん》、四国の石鎚山《いしづちさん》、九州の英彦山《ひこさん》などに教団が生まれた。これら多くの修験派では、役小角を開祖とする話が伝わっている。

修験道には、山の霊場に入って行う厳しい入峯《にゅうぶ》修行がある。これは**「地獄巡り」**または**「六道巡り」にみたてた苦行**となっている。苦行にたえて、罪を消滅させることができれば、即身成仏《そくしんじょうぶつ》できるし、極楽浄土に往生できると考える。これが修験道の基礎理念になる。山のなかの他界（地獄または浄土）から生まれ変わる擬死再生のイメージだ。

ちなみに「即身成仏」とは、生きながら悟りを開いて肉身のまま仏になること。命を失いミイラ化した身体を仏とする「即身仏」とは区別される。即身成仏で具体的にあらわれる現象としては、山伏《やまぶし》なら病気を治したり予言託宣《たくせん》の呪力を身につけることであり、一般人（新客）なら健康で長寿をえることと考えられた。

●即身成仏をめざす十界修行

入峯修行は時代がくだると、「地獄巡り」や「六道巡り」という意味を失い、儀礼化した。それが「**十界《じっかい》修行**」である。鎌倉時代末期から室町時代初期にまとめられたとみられる『峯中《ぶちゅう》十種修行作法』（『修験道章疏《しょうしょ》』（一））では、この十界修行を説明している。

十界修行では、人間の成仏過程を示す十界のそれぞれに修行をあてはめている。

修験道の創始者とされる役小角

「地獄道」は、業《ごう》の秤《はかり》。業の秤とは、新客を螺緒《かいのお》（法螺《ほら》貝《がい》の緒）でしばって秤にのせ、もう一方に不動石をつけて、秤につるして、犯した罪の重さをはかるものだ。後述する「覗きの行」にあたる。「餓鬼道」は断食。「畜生道」は水断。「修羅道」は相撲。「人間道」は懺悔。「天人道」は延年（芸能）。延年とは、檜扇《ひおうぎ》をひろげて舞って修行がすべてうまくいくことを祝う宴だ。「声聞《しょうもん》」は四諦《したい》。原始仏教の苦集滅道《くじゅうめつどう》の教えを学ぶ。「縁覚《えんがく》」は十二因縁《じゅうにいんねん》。十二因縁の理を学ぶ。「菩薩」は六波羅蜜《ろくはらみつ》。六種の菩薩行を学ぶ。「仏」は正灌頂《しょうかんじょう》。正灌頂とは、大日如来の秘印を授かる儀式である。

このほかに次の3種類の儀礼がある。床堅《とこがため》行は、不眠不動の苦行で、頭上で短い丸太をうちあわせ、さらに身体を打つことで、大日如来と同じ存在であることを悟る。閼伽《あか》行は、谷から水を汲む。小木行は、護摩《ごま》木を集める。

入峯の期間中に、これらの修行をおさめることで即身成仏できると考えられた。

●唐辛子の責め苦・なんばいぶし

江戸時代になると、「十界修行」は室内で15日間で行うようになった。その模様をいまに伝えるのが、羽黒山の7日間の**「峯中」（秋峯入《あきのみねいり》）**である。修験道は、明治政府の弾圧をうけて、1872年の修験道禁止令でほとんど滅びてしまっているだけに、羽黒山の峯中はかつての修行の一端を経験できる貴重な場となっている。

羽黒山には荒沢寺《こうたくじ》と出羽神社がある。室内の十界修行を荒沢寺では仏教式で、出羽神社では神道式で行う。荒沢寺では、餓鬼道の断食や畜生道の水断が行われるが、なかでも有名なのが、地獄道の業の秤にあたる「**なんばいぶし**」だろう。

まずは、室内に修行者を閉じ込め、大量の唐辛子を燻《いぶ》す。その刺激的な煙が喉から鼻、まぶたなどの粘膜を強烈に刺激するから、咳やくしゃみ、鼻汁、涙がいちどに噴出する。もがき苦しむ者もいるが、そんなことにはかまわず、責め苦はどんどんエスカレートする。まさに地獄の責め苦を身をもって体験することになる。燻すのが終われば、唐辛子の刺激は一瞬にしてなくなる。心身ともにさわやかで、まさに生き返った心地となる。

室内での十界修行が行われていた羽黒山

この「なんばいぶし」は、どの修験道書にも出てこないが、「地獄道」の業の秤から発展したことは確かだ。

業の秤は、もともとは、断崖の上で秤にかけられ、罪業が重ければ地獄に見立てた谷底へ落とされるという恐ろしいものだった。これが「覗きの行」というものに発展した。「覗きの行」とは、「修羅道」の相撲にあたるもので、断崖の上の狭い石の上で、棒の押し合いをする。一歩あやまれば転落の危機のある命がけの修行だ。これは奈良の大峯山《おおみねさん》をはじめ、各山の修験集団で行われていた。

この「覗きの行」は、室内版も考案された。それが、螺緒でしばって天井の梁《はり》に宙吊りにされ、その下から唐辛子の煙で燻すという修行だった。ここに「なんばいぶし」の原型があるのだろう。

羽黒山の十界修行では最後に、修行者の即身成仏を証明する「正灌頂」の道場飾《かざり》として天井から吊り下げられる。これを「のぞき」という。もともとは「のぞき」のときに「なんばいぶし」が行われていたと考えられる。

いまの「なんばいぶし」は、命の危険のない簡略版だ。そのルーツには、本気で即身成仏を願い、断崖の上で身を震わせた修行者たちがいた。なかには谷底に転落して絶命した者もいた。そんな先人たちに想いを馳せるべきだろう。

12 命とひきかえに成仏をとげる 究極の修行・捨身行

●「覗きの行」は捨身行の名残り

奈良県の**大峯山《おおみねさん》山上《さんじょう》ヶ岳《がたけ》**は、日本の代表的な霊山のひとつだ。山頂付近には金剛《こんごう》蔵王《ざおう》権現《ごんげん》をまつる大峯山寺《おおみねさんじ》本堂があり、それを中心に伽藍《がらん》（寺院建築）群がならぶ。ここは**修験道の中心道場**として知られ、現在でも女人禁制が厳格に守られている。

修行には、表行場《おもてぎょうば》と裏行場がある。裏行場はより過酷な内容となっている。

表行場としては、滑りやすい一枚岩のうえを歩く油《あぶら》こぼし、絶壁を鎖をたよりによじ登る鐘掛《かねかけ》などがあるほか、役小角《えんのおづぬ》が悟りを開いた場所だというお亀石を拝する。なんといってもハイライトは覗きの行である「**西の覗き**」だ。命綱1本に身をたくし、100メートルほどの高さがある絶壁上の岩頭から上半身をつきだし、逆さ吊りとなって合掌する。悪行を懺悔するとともに、仏の世界をのぞき見る。谷底には浄土があると信仰されてきたからだ。そうして自分の仏性《ぶっしょう》に気づき、即身成仏を感じとる。このように「西の覗き」は過酷さを極めた厳しい修行で、日本三大荒行《あらぎょう》の1つに数えられる。この行が終わると、「ありがたや　西の覗きに懺悔して　弥陀《みだ》の浄土に入るぞうれしき」という秘歌を歌う。

裏行場にすすむと、胎内潜りなどをへて、最後の修行に「平等岩の行」がまっている。これもまた断崖絶壁が舞台だ。わずかに突き出た平等岩のまわりを命綱なしでぐるりとまわる。昔は1日中この岩のまわりを何回もぐるぐるまわっていたと考えられる。足元には吸い込まれそうなほど深い谷（阿古谷）が口をあけて待っている。この行が終わると、「平等岩　めぐりて見れば　阿古滝の捨つる命も　不動くりから」と歌う。「捨つる命」というのが不気味である。

鎌倉時代の説話集『古今著聞集《ここんちょもんじゅう》』には、この大峯山の谷に身を捨てた話がでてくる。「奈良・元興寺《がんこうじ》の阿古という童子が、なかなか出世できないために、師匠をうらんで、大峯山の谷に身を投げて、龍になった。龍は人々を害するようになったので、観海《かんかい》という僧が法華経を奉納して、龍を鎮めた」という話だ。

じつは、**「西の覗き」にしても「平等岩」にしても、ここはかつて「捨身谿《しゃしんだに》」とよばれ、身を捨てる行場だったと考えられる。**修験道の行者は、「覗きの行」ではあきたらず、本当に身を捨てていたのだ。これが「捨身行」である。

なぜ身を捨て、命を捨てるのかというと、**人々の苦しみの原因となる罪を贖《あがな》うため**である。人々にかわって命を捨てることで、神の怒りを和らげようとしたのである。

大峯山にかぎらず、修験道の山では捨身があった。出羽三山の羽黒山《はぐろさん》・月山《がっさん》・湯殿山《ゆどのさん》の谷でも「覗きの行」があったが、捨身もあったと考えられる。

捨身行は修験の世界で脈々とうけつがれた。もっとも新しい記録では、明治時代に捨身を行った者がいる。修験道の行者・林実利《はやしじつかが》は、大峯山の修験道の復興に努めたあと、人々の贖罪《しょくざい》を念じて熊野那智大滝から滝壺にむかって身を投げたのである。

修験道の霊山として知られる大峰山山上ヶ岳（A photographer/CC BY 4.0）

●自殺は禁止だが、捨身行はOK

捨身行は無謀な行為に思えるかもしれないが、これは邪道でもなんでもなく、仏教できちんと認められた宗教的行為である。

仏教では自殺は禁止されている。しかし、**ほかの人間や生き物を救うために自らの命を投げ打つことは「捨身成道《じょうどう》」として認められている。**命とひきかえに成仏するという修行なのである。修行のなかでもっとも困難で、もっとも重要なものが捨身とされた。捨身の方法としては、投身だけでなく、焚身《ふんしん》、入水《じゅすい》、断食、首縊《くびくくり》などがあった。

お経では、「**ジャータカ**」として説かれている。ジャータカは「本生経《ほんしょうきょう》」「前世経」などと訳されるが、つまり釈迦がこの世に生まれて仏となる前、菩薩であったときの話だ。釈迦は前世で国王や商人であったり、ときにはウサギやサルなどの動物だった。そこで自己犠牲のさまざまな善行をなし、人々を救済した。そうした善行を積んだから、釈迦は生まれ変わって仏となることができた、という教えになっている。

ジャータカには547の話があるが、捨身の話としては次の2つが有名である。1つ目は、『涅《ね》槃経《はんぎょう》』の**雪山《せっせん》童子の捨身羅刹《らせつ》**の話である。

「雪山童子とよばれる修行者が森のなかを歩いていると、『諸行無常・是生滅法《ぜしょうめっぽう》』という素晴らしい言葉が聞こえてきた。つづきの言葉が知りたくて、その言葉のほうへ歩いていくと、崖の下に羅刹とよばれる人食い鬼がいた。雪山童子がつづきの言葉を尋ねると、羅刹は『わしの餌食になってくれるなら、つづきを聞かせてやろう』という。雪山童子が「わかった」というと、羅刹は『生滅《しょうめつ》滅已《めつい》　寂滅為楽《じゃくめついらく》』といい、雪山童子はその言葉を木に刻んで、ここを通る人が見られるようにした。

それから雪山童子は礼を言って、崖から飛び降り、羅刹の口のなかに収まろうとした。ところが次の瞬間、羅刹は帝釈天《たいしゃくてん》に姿を変え、雪山童子をやさしく抱きかかえ、命をかけた修行をほめたたえた」

命をかえりみず崖から身を投げるという、まさに捨身行そのものをあらわした話である。その行為が、仏教の守護神・帝釈天から賞賛されるのだ。

もう1つは、『金光明経《こんこうみょうきょう》』の**捨身飼虎**《しゃしんしこ》の話である。

玉虫厨子に描かれた捨身飼虎図。画像が暗くてわかりにくいが、王子が牝虎を救うために身を投げる様子が、上から下へ三段階に分かれて描かれている

「大宝という大王には、3人の王子がいた。あるとき3人が林に遊びに出かけると、2匹の虎児を連れた牝虎がいた。牝虎は飢えのため乳がでず、やむをえず1匹の虎児を食おうとしていた。それを見た第3王子が、兄たちに別れを告げ、自らの身を虎の前にさしだした。虎はその身肉を食い尽くした。このときの第3王子がいまの釈迦である」

ほかの生き物を救うために自らの命を投げ打つという捨身行の真髄が描かれている。この善行によって、釈迦は生まれ変わって仏となることができたのである。

ちなみに、以上の2つの話は、奈良・法隆寺金堂に納められた玉虫厨子《たまむしのずし》の台座の図柄のモチーフにもなっている。

日本では、701年に制定された「大宝律令」の僧尼令《そうにりょう》で、わざわざ「焚身《ふんしん》捨身」を禁じている。それほどあちこちで捨身が行われていたということだ。ジャータカの捨身行の話は、『今昔物語集』や『宇治拾遺物語《うじしゅういものがたり》』などの物語にも取り入れられ、人々に広く浸透した。それもあってか、僧尼令にもかかわらず、捨身は10世紀末からふたたび盛んになったといわれている。**日本はもっとも捨身が根付いた国だった**といえるのである。

13 生きながら「棺」で海に流される入水往生をめざした補陀落渡海

●熊野那智を中心に隆盛

日本人の他界観には山中他界と海中他界、天上他界、地下他界がある。このうち海中他界は古代から「**常世**《とこよ》」と名づけられ、神々と死者が住む世界がイメージされた。『古事記』では、少名毘古《すくなびこ》那神《なのかみ》が常世から舟に乗ってあらわれる場面がある。

この「常世」という日本人独特の海中他界観と仏教思想が結びついて生まれたのが、「**補陀落渡**《ふだらくと》**海**《かい》」である。

「補陀落」とは、古代インドのサンスクリット語「ポータラカ」に漢字をあてはめたもので、「観音菩薩が住む観音浄土」を意味する。補陀落（観音浄土）は南方海上にあるとされ、そこでの往生をめざし、海の彼方に消え去った人々がいた。こうした宗教的実践行が「補陀落渡海」である。**あえて生きながら入水往生《じゅすいおうじょう》をめざすことがポイント**で、生きながら土に入る土中入定と発想は近く、その海洋版ともいえる。

日本では補陀落渡海が盛んに行われた。北は茨城県那珂湊《なかみなと》の海岸から、南は鹿児島県の加世田《かせだ》まで、補陀落渡海の跡地は全国に点在する。なかでも、**和歌山県の熊野那智《くまのなち》の海岸**は、補陀落渡海の最大のメッカとなった。その海岸線の奥にたたずむ補陀洛山寺《ふだらくさんじ》は、補陀落渡海の歴史をいまに伝える。

熊野といえば、「熊野詣《くまのもうで》」が有名である。この地域一帯には、熊野坐《います》神社（熊野本宮大社《ほんぐうたいしゃ》）、熊野速玉《はやたま》神社（熊野速玉大社）、熊野夫須美《ふすみ》神社（熊野那智大社）が鎮座し、熊野三山《くまのさんざん》とよばれた。この三社に参る熊野詣は、平安時代中期に盛んとなり、とくに白河から後鳥羽までの4代の上皇は合計で100回を超える熊野御幸《ごこう》を行った。鎌倉時代になると武士、庶民のあいだにも熊野詣は広まった。

この神聖な熊野三山を背景に発達したのが、補陀落渡海である。

『熊野年代記古写』によると、868年の慶竜《けいりゅう》上人から1722年の宥照《ゆうしょう》上人まで20人の行者が熊野那智の海岸から補陀落渡海をとげたとされている。補陀洛山寺の住職は代々、渡海上人となり、補陀落渡海を希望する者の世話をして、儀式を執り行い、海に送り出した。いっしょに入水する者

補陀落渡海を描いた曼荼羅（「那智参詣曼荼羅」部分／熊野那智大社所蔵）

がいればいっしょに入水させた。補陀落渡海を望む者は全国からこの地に集まったのである。

●補陀落渡海に追い込まれた武将

熊野の補陀落渡海は、なにか怪しい秘儀というわけではなく、かなり広く知られたもので、さまざまな書物に記録されている。平安時代の貴族・藤原頼長《ふじわらのよりなが》の日記『台記《たいき》』には、覚宗《かくそう》という修験者から聞いた話としてこんな記述がある。

「覚宗が少年のころ、那智の僧が生きたまま補陀落にわたりたいと言い、補陀落山に祈ること3年におよび、風をおこす祈祷を7日間行うと、北風が吹き出し、彼は喜んで舟に乗り込み、南方へ向かって出航した。補陀落渡海の願いは叶えられたのだった」

この僧には、補陀落に生きたまま往生したいという強い意志があったことがうかがえる。

一方で、**自分の立場が追い詰められ、やむにやまれず補陀落**

渡海におよんだ武将もいた。それが平氏一門の武将・平維盛《たいらのこれもり》である。『平家物語』には、平維盛の入水往生が記されているが、これは熊野那智の補陀落渡海の一つと考えることができる。

「平清盛の孫にあたる平維盛は、源平争乱でことごとく敗れ、戦線を離脱し、出家して熊野路に入った。那智海岸の近くにある浜宮王子《はまのみやおうじ》に参ると、一隻の小舟に乗り込み、山成島《やまなりじま》に近づき、上陸。松の木の樹皮をはいで、幹の白い部分に姓名・年齢を書き記したのち、沖に漕ぎだして身を沈めた」

浜宮王子は、補陀落渡海上人たちが渡海するとき儀式を行ったところである。また、松（木札）に姓名・年齢を書き残すというのは、補陀洛山寺の渡海上人たちが書いた額札《かくさつ》・銘札《めいさつ》（位牌）に通じるものである。その意味でも、維盛の入水往生は補陀落渡海といっていい。維盛の供養塔は、浜宮王子（熊野三所大神社《さんしょおおみわしゃ》）に隣接する補陀洛山寺の裏山にいまも残る。

鎌倉時代の歴史書『吾妻鏡《あずまかがみ》』にも、補陀落渡海におよんだ武将の話が記されている。

「下河辺六郎行秀《しもこうべろくろうゆきひで》は、1193年、鎌倉幕府の将軍・源頼朝から一頭の大鹿を射ることを命じられたが、これに失敗し、その場で出家、行方をくらました。行秀は智定坊《ちじょうぼう》という名で熊野山で修行していたが、やがて補陀落渡海におよんだ。行秀が乗り込んだ舟は、外から釘が打ちつけられ、出口のない屋形船となり、なかに30日程度の食べ物と灯火の油だけが用意された。行秀は旧友の北条泰時に宛てた一通の手紙を残して、海にわたった」

この話は『吾妻鏡』の1233（天福《てんぷく》元）年の項目に書かれているので、行秀が補陀落渡海におよんだのは、鹿狩りの失態から40年ほどあととみられる。

外から釘を打ち付けた扉のない屋形船は、もはや「棺」である。常人には恐怖でしかなく想像もしたくないが、渡海上人たちは観音浄土にいたるその瞬間を恍惚として迎えていたのかもしれない。

●舟に穴をあけ、確実に入水する

補陀落渡海は死を前提としているが、なかには生きのびた者もいた。

「1502年ころに上野国《こうずけのくに》で生まれた日秀《にっしゅう》上人は、19歳のときに人を殺したことから懺悔、発心《ほっしん》し、高野山にのぼって出家した。そして、すぐに那智の海岸から出口のない舟に乗り、補陀落渡海におよんだ。ところが、風に吹かれて7日7夜ゆられると、琉球に流れ着いた」

往生できなかった日秀上人は、琉球や薩摩で補陀落渡海僧として活動し、寺社の再興などに身を投じた。そして1575年、薩摩に自ら建立した三光院内に入定室を設けて入定。約2年弱の入定ののち、息をひきとったという。

生きのびた日秀上人のケースは例外中の例外である。こんな間違いがないように、**補陀落渡海では確実に死にいたる手段をとることが多い**。

たとえば、1568年に肥後国《ひごのくに》の高瀬の海岸（有明海）から2人の同行といっしょに補陀落渡海におよんだ弘円《こうえん》上人の場合、土舟に乗っている。土舟は海にうかべれば必ず沈没する。どこかに流れ着く心配はない。確実に入水往生できるのだ。

キリシタンの宣教師たちが残した文献にも補陀落渡海のことが記されているが、舟になるほどと思える細工をしていたことを伝えている。

たとえば、1601年に刊行されたグスマンの『東方伝道史』には、「補陀落渡海の舟は、沖にでたとき、海水が浸水して沈むようにと、船底に穴をあけていた」としている。また、舟は屋形船の密閉型ではない場合もあって、「乗船した人々は、身体のいたるところに石をくりつけ、一人一人が海に飛び込んで溺死した」と記している。一直線に死にむかう壮絶な現場が描かれている。

一方で、同書で重要な記録となるのが、補陀落渡海を見ていた人々が「さめざめと泣いて彼らの幸運な運命を羨望する」としていることだろう。補陀落渡海者を送り出す人々は、もちろん別れの悲しみはあるが、むしろ往生できることに嫉妬していたのだ。

●嫌がる者を無理やり補陀落舟に

生きながら往生したい。この強い意志が補陀落渡海の前提だ。もしそんな意志がない者を無理やり補陀落渡海に送り出したらどうだろうか?

補陀落渡海でもっとも悲惨なのは、**本人の意に反して補陀落舟に乗せられるケースがあった**ことだ。それが16世紀末の金光坊の話である。この話は、文豪・井上靖《いのうえやすし》の『補陀落渡海記』という短編小説にもなっている。

「補陀洛山寺の住職とされる金光坊が補陀落渡海を行うことになった。金光坊は死を恐れ、補陀落渡海を拒否したが、渡海拒否は認められなかった。金光坊は介添えの役人たちによって無理やり舟に乗せられ、生きたまま海中に沈められたのである」

一説によると、**補陀洛山寺の住職たちは、61歳になったら補陀落渡海を行わなければならないというルールがあったという**。しかし、まだ生きたいと願う人間を無理やり海に沈めるのは、宗教的行為とはいえない。ただのリンチであり、殺人行為である。

この無残な事件以来、補陀落渡海は中止されたという。やがて、亡くなった住職を水葬にふす儀礼を補陀落渡海とよぶようになった。

14 自分を燃やして往生を目指す 法華経から流行した焼身往生

●群衆の前で激しく身を焼いた

末法思想が流行した平安時代末期、浄土信仰の僧たちは、静かに念仏を唱えて往生した（p54参照）。ここから初期の即身仏が生まれるわけだが、同じころ、熱い炎のなかに飛び込み、激しく全身を焼いて往生をめざす僧たちがいた。彼らが実践した修行法こそ、**焼身《しょうしん》往生**である。

『大日本国法華経験記《だいにほんこくほけきょうげんき》―上』には、最初に焼身往生をとげた僧として、熊野那智山《なちさん》の応照《おうしょう》のことが記されている。

「応照はあるとき、穀物と塩をたち、甘味《かんみ》を食べるのをやめ、松葉を膳にそなえ、不浄を浄め焼身の準備をした。焼身するにあたり、新しい紙の法服を着て、手に香炉《こうろ》をもち、薪のうえに結跏趺坐《けっかふざ》して西をむき、手に定印《じょういん》を結び、『法華経』を読んで焼身した」

西をむくのは、極楽浄土の方角だからである。応照の身体が火に包まれても、読経《どきょう》の声はおだやかにひびき、その煙は三日三晩ただよいつづけたという。応照の焼身跡は、いまも和歌山県の那智妙法山《みょうほうざん》の阿弥陀寺境内に残る。

焼身往生の記録が残る阿弥陀ヶ峰。豊臣秀吉の墓所である豊国廟がある。平安時代には焼身往生が流行したと伝わる（土間拳 / PIXTA（ピクスタ））

この時代には、多くの焼身往生の記録が伝わる。

京都の**阿弥陀ヶ峰**《あみだがみね》は、東山三十六峰《ひがしやまさんじゅうろっぽう》のひとつで、豊臣秀吉の墓・豊国廟《ほうこくびょう》がある山だが、平安時代には焼身往生が流行した山でもあった。たとえば、ある上人がここで身を焼いて入滅したとき、多くの人が集まり、その様子を見守っていたと伝わる。

また、阿弥陀ヶ峰のすぐ近くの**鳥辺野**《とりべの》では、ある比丘尼《びくに》（女性の僧）が焼身したり、文豪という名の僧が人々に見守られながら焼身したという記録がある。ちなみに鳥辺野は、人々が死体を捨てた場所で、死の空間だった。

伊予国《いよのくに》久米郡の僧・円観は、老年になると妻子をすてて別室にこもり、部屋に火をつけて焼身往生した。

土佐国の金剛定寺のある上人は、門弟たちが念仏を合唱するなか、合掌して西をむき、積み上げた薪のなかに身を投じて焼身往生をとげた。その翌日には、上人の焼身に感動した少年があとをおって焼身をとげた。

焼身往生はたった一人で行うこともあるが、集まってくる群衆の前で行うこともある。人々は恐ろしい焼身の現場から目をそむけるどころか、すすんでその瞬間を目に焼きつけたのである。

●月の兎は焼身往生していた？

焼身往生のルーツをたどると、ある菩薩の存在にいたる。『法華経』「薬王品」に登場する**薬王菩薩**である。薬王菩薩は、阿弥陀如来の二十五菩薩のひとつで、良薬をあたえて人々の病気を治す菩薩とされる。『法華経』には、薬王菩薩が前世で一切衆生喜見《いっさいしゅじょうきけん》とよばれていたときの話が語られている。

「一切衆生喜見は、『法華経』を１万２０００年のあいだ一心に修行すると、『法華経』を説く日月《にちがつ》浄明徳如来《じょうみょうとくにょらい》を供養するため、香油《こうゆ》を飲み、身体にぬってしみこませ、宝衣《ほうい》に香油をそそいで自ら火をつけた。こうして自身を灯明として供養した。その光は広大な世界の闇を照らし、１２００歳まで燃え続けた。身を焼いたあと、ふたたび日月浄明徳如来の国に生まれて、如来につかえた。日月浄明徳如来はすべてを彼に託して入滅した。これを悲しんだ菩薩は、両のひじ（または両腕）を焼いて、7万2000歳にわたって供養した」

世の中を明るく照らす教えとされる『法華経』のように、**自らの身を焼いて世の中を明るく照らし、供養する**のである。前述の応照が焼身往生にいたったのも、まさにこの薬王菩薩の姿にあこがれたからだった。

また、平安時代末期の説話集『今昔物語集』の「月の兎」という話にも焼身往生を連想させる場面が描かれている。

「兎と狐と猿は真面目に修行して、自分のことよりも他人をあわれむ立派な行いをしていた。それを見た帝釈天が彼らの本心を試すため、老人に化けて助けを求めた。3匹は老人を手厚くもてなした。猿は木に登って木の実を集め、里に出ては野菜や穀物を手に入れてもってきた。狐は墓小屋で人の供えた飯や魚をとってきた。しかし、弱い兎はなにも手に入れることができない。思いつめた兎は火を焚いて、『私を食べてください』と言って火のなかに身を投じたのである。そのとき、帝釈天はもとの姿に戻り、自己犠牲と利他の教えを実践した兎の姿を人々に見せるため、兎を月のなかにうつしてあげた。月に兎がいるというのは、この兎のことなのである」

この「月の兎」という話は、釈迦の前世物語である「ジャータカ」と「月には兎がいる」というアジア各地の伝承が融合して生まれたと考えられる。それにしても、老人のために身をささげる兎の健気な姿は感動的ですらある。

平安時代に盛んとなった焼身往生は、その後は下火となった。空海入定伝説の広まりもあり、どちらかというと土中入定や入水往生が一般的となった。

ただ、江戸時代になっても焼身往生はあった。たとえば『慶長見聞集《けいちょうけんもんしゅう》』などには「火定《かじょう》」におよぶ僧の話が記されている。「火定」とは「焼身」のこと。おそらく「火中入定」を意味する言葉だろう。

「1597（慶長2）年、江戸にあらわれたひとりの僧が、6月15日に焼身すると町を宣伝して歩いて多くの見物人を集めた。僧は、わざわざ群衆に見えやすいように棚をつくると、そのうえにあがり、足元の薪に火をつけた。そして、炎のなかに飛び込み、焼身した」

わざわざ見物人を集め、町中で堂々と焼身往生におよぶ。もはや宗教的行為というよりも、**見世物的な側面が強まっていた**ことをうかがわせる。

●仏教徒弾圧に抗議した焼身自殺

焼身往生は日本だけで起きた現象ではない。

中国の仏教界では焼身が賞賛され、多くの僧が焼身往生におよんでいる。『梁高僧伝《りょうこうそうでん》』によると、もっとも古い例では、396年に冀州《きしゅう》出身の僧・法羽が焼身している。

焼くのは全身とはかぎらない。『法華経』「薬王品」には薬王菩薩の苦行「よく手の指ないし足の指一指を燃やして仏塔に供養す」が示されている。中国の仏教説話集『法苑珠林《ほうおんじゅりん》』にも、左右の指を焼いて供養する話がある。こうした教えから、中国では手や足の指だけを焼くすさまじい苦行が横行した。**自分の身体の一部を焼くことで人々の罪を滅しようとした**のである。

ベトナム戦争時、南ベトナム政府による仏教徒弾圧に抗議して焼身自殺を図ったティック・クアン・ドック

現代においては、焼身がなくなったわけではない。それどころか、焼身は世界的に有名になった。そのきっかけとなったのが、ベトナムの僧ティック・クアン・ドックの焼身である。

1963年、南ベトナムのゴ・ジンジェム独裁政権の仏教徒弾圧に抗議するため、ティックは、サイゴン（現ホーチミン）のアメリカ大使館の前でガソリンをかぶり、炎のなかで読経しながら死んでいった。支援者やメディアが注目するなか、彼は炎のなかで結跏趺坐を崩すことなく絶命した。その映像は世界中をかけめぐり、反戦平和運動を引き起こすきっかけとなった。

ティックの焼身は、権力に対する抗議の手段としたものだ。『法華経』をもとにした仏教的供養とは違う。しかしこれが、世間に絶大なインパクトを与える画期的な手法として認識され、模倣されることになった。

2001年には、北京の天安門広場で法輪功《ほうりんこう》の信者5人が焼身自殺におよんでいる。そして2009年からは、中国共産党の対チベット政策に抗議して焼身自殺をはかるチベット人があとをたたない。すでに150人をこえる焼身自殺者がいるといわれる。中国共産党は「焼身自殺は仏教に反する」と批判しているが、前述のように、中国仏教界には焼身を賞賛してきた歴史があるのだから、なんの説得力もないのである。

15 死者としてリアルな地獄を体験　地獄とみなされ畏怖された日本の霊山

●地獄で擬死再生のストーリー

これまで述べたように、日本人の他界観のひとつに**山中他界**がある。日本人にとって山は、死者の世界だった。

死んだ人は村から離れた裏山に捨てられ、肉体はなくなるが、霊魂は山中をさまよう。それがしだいに浄められ、山の頂にのぼり、子孫を見守る祖霊となる。このように信じられていた。

この日本古来の山中他界観に仏教思想が加わることで、**山は地獄であるとともに、浄土でもあるという観念が生まれた**。山は地獄と浄土が同居するのである。

日本の山には「地獄」とみなされる場所があり、「地獄谷」や「賽《さい》の河原」があることが少なくない。

人々は信仰のために山に登り、死者としてこうしたリアルな地獄をめぐる苦行をつむ。それによって罪を滅し、「浄土」に再生することを身をもって経験する。擬死再生がヴァーチャルな体験として味わえるようになっているのだ。

こうした「地獄」をもつ霊山は全国に点在する。なかでもとくに有名な霊山が、**立山**《たてやま》と**恐山**《おそれざん》である。

●女性がおちる立山地獄

富山県東部に位置する立山には、大規模な地獄谷があることが古くから知られていた。平安時代の説話集『今昔物語集』には、「日本の人が罪をつくると、多くの人が立山地獄におちる」とある。**罪を犯したら、死後に立山地獄におち、そこで罪をつぐなうための苦しみをうけると一般に信じられていた**のである。

立山に信仰として登ることを「立山禅定《ぜんじょう》」とよぶ。現在でも山中は火山活動が活発で、登山の拠点となる室堂《むろどう》のあたりは噴煙がたちこめ、轟音がすさまじい。すぐそばの地獄谷からは有毒の亜硫酸ガスが発生しているため、草木も生えない荒れ果てた土地となっている。そして大小360もの地獄がそこかしこに点在し、熱湯をたぎらせている。まさに地獄そのものを思わせる情景だ。こうした恐ろしい地獄をめぐる禅定のプロセスによって、擬死再生の修行となるとされている。

平安時代の仏教説話集『本朝法華験記《ほんちょうほっけげんき》』には、立山禅定に関するこんな話がある。

「ある修行者が立山に詣でたところ、近江国蒲生郡《がもう》の仏師の娘の亡霊に会った。娘が言うには、前世で父が仏物《ぶつもつ》を売って衣服や食べ物にあてていた罪から、立山地獄におちて苦しんでいるという。娘は父母たちへの伝言をたくした。やがて娘の父母が法華経書写の供養をすることで、娘は観音の救いをうけた」

立山地獄におちた娘が、遺族の写経によって救われるという話である。このころ写経の功徳《くどく》は広く知られていたのだ。

ところで立山をめぐる信仰には、この話のように、**女性に関するものが多い**。そういえば立山には、産褥《さんじょく》の血を集めた血の池地獄や、子を産めなかった女がおちる石女《うまずめ》地獄など、女性のための地獄がある。

古来、山岳信仰の霊山は女人禁制とされ、いまも守られている山がある。立山も女人禁制ではあるが、じつは女性にも救済の道を開いているのが特色となっている。

立山では江戸時代末期まで女人救済行事・布橋灌頂会が行われていた。明治時代に廃止されたが、近年は地元住民らによって再現されている（朝日新聞社提供）

立山の芦峅寺《あしくらじ》では、登拝のゆるされない女性のための「布橋大灌頂《ぬのばしだいかんじょう》」という儀礼を秋の彼岸の中日に行っている。

女性たちは白の死装束をつけて、芦峅寺の閻魔堂《えんまどう》に集まり、ここで懺悔して、閻魔大王から裁きをうける。死装束だから、これは死のプロセスである。その後、目隠しをされて僧侶に導かれて明念坂《みょうねんざか》をくだる。道には3本の白布がしかれている。そのまま布橋をわたるが、心がけの悪い者は転落して竜にのまれるという。橋をわたると、墓があちこちにあり、六地蔵のわきを通って姥堂《うばどう》にいたる。姥堂では扉をしめて、暗闇のなかで読経がはじまる。読経が終わると、扉が一斉に開け放たれ、まばゆい光に包まれる。眼前には阿弥陀如来があらわれるという仕掛けだ。

恐ろしい死の旅から浄土への再生が劇的に展開する。この布橋大灌頂も、女性たちのために用意された**擬死再生の修行**なのである。

●地獄と浄土が同居する恐山

青森県の下北半島にある恐山は、戦後になってからとくに有名になったが、信仰の山としての歴史は古い。

最澄《さいちょう》の弟子である慈覚大師円仁《じかくだいしえんにん》が、唐の天台山で修行中に、「帰国後に東へ30日ほど歩いたところに霊山があり、温泉がわきでて病を治す。そこは炎に包まれた地獄で、誰も知らない。お前はそこで地蔵を一体つくってお堂をたて、仏道を広めよ」という夢のお告げをうけた。そこで円仁は、帰国後にお告げの山をみつけ地蔵堂（釜臥山《かまふせやま》菩提寺）をたてた。それが862年のこと。鵜鳥《うとり》が円仁に山の位置を教えたことから、当時は「鵜鶲山《うそれさん》」といったが、やがて「恐山」に変化した。

恐山にある宇曽利湖

現在、その地蔵堂の周りには、**荒れ果てた丘陵地が広がる**。地獄谷を中心に、血の池地獄、無限地獄、修羅王地獄、金掘地獄、畜生地獄、法華地獄など「百三十六地獄」とよばれる地獄が点在し、亜硫酸ガスがふきでる。硫黄などの鉱物によって水の色が赤や緑に変色し、現世にあらわれた地獄を思わせる。酒をごまかす商人の堕ちる酒屋地獄、塩をごまかす商人のおちる塩屋地獄など職業別地獄もある。

一方で、地獄を取り囲むように広がる直径2キロメートルほどの宇曽利湖《うそりこ》は、美しく澄み渡っていて、珪砂《けいさ》でしきつめられた浜辺は浄土世界を思わせ、「極楽浜」と名づけられている。こうして恐山は、地獄と極楽が同居する景観となっているのだ。

また、恐山の参詣者は、脇野沢村寄浪《わきのさわむらきなみ》の御舎利浜《おじゃりはま》までいって、「子持ち石」をひろって登拝《とはい》が終了するとされる。子持ち石とは、やわらかい黒石に硬い小さな白石がたくさん付着したものだ。死者の世界から生者の世界への再生をはたしてよみがえる、という流れになっている。

ところで、恐山の地蔵信仰が強まった背景には、**この地で子どもの死者が多かった**ことがある。子どもを亡くした人々は恐山を訪れ、地獄谷の西側にある「賽の河原」で、幼児にかわって石を積み、地蔵菩薩像に化粧をほどこし、風車をたて、赤いよだれかけをかけて供養した。人々は地蔵に救いを求めた。

江戸時代の「賽の河原地蔵和讃《わさん》」には、こんな話がある。

「子どもが親よりも先に亡くなることは親不孝である。子どもは死んだのちは鬼から責め苦をうける。子どもは親の供養のために小石で仏塔をつくろうとするが、地獄の鬼があらわれて、つんでもつんでも鉄棒で崩してしまうため、子どもはこの世の親を慕って恋い焦がれる。すると地蔵菩薩があらわれ、親のかわりとなって子どもを抱きかかえて救ってくれる」

このように、亡くなった子どもは、地蔵菩薩が救ってくれると信じられていたのである。東北地方では冷害で凶作となると多くの餓死者がでた。そのなかには幼児や子どもの死者が多かった。**死んだ子どもを供養するため、恐山の地蔵信仰が強まった**のである。

なお、恐山といえば死者の霊をおろすイタコであるが、これについては第四章であらためて述べる。

16 呪術で呪って敵を制圧 宮中で起きた過激な調伏合戦

●宮中にとりいるツールとなった調伏法

密教には**調伏法**《ちょうぶくほう》というものがある。調伏法とは、外敵や災害、病気などに対し、その原因となっている悪を退治することで災いを鎮める呪術的な修法である。

現代人からするとそんな呪術が本当に効果があるのか信用しがたいものがあるが、中世の日本では天皇や貴族にその効果が認められ、重宝されていた。逆にいえば、**密教は調伏法によって国家的なお墨付きを得られた**のである。

歴史を簡単に整理しておくと、密教はインド大乗仏教の最終段階で登場し、段階的に発展している。大きくわけると、前期密教（5～6世紀）・中期密教（6～7世紀）・後期密教（8～10世紀）

の3段階がある。

前期密教は、この世で恵みをえる現世利益《げんぜりやく》を目的としていたが、中期密教では、解脱《げだつ》が目的となる。本尊は釈迦如来にかわって大日如来が登場。経典としては、『大日経』『金剛頂経《こんごうちょう》』『理趣経《りしゅ》』などが生まれた。日本には、この中期密教までが中国を経由して伝わった。性の領域に入る後期密教はチベットに伝わっている（p103参照）。

日本に最初に密教が伝わったのは奈良時代のこと。この時代は表面的には落ち着いていたが、政権内部では熾烈《しれつ》な権力闘争が繰り広げられていた。

藤原氏が反対派を排除するために起こした長屋王《ながやおう》の変（729）をはじめ、そこかしこで陰謀が画策され、暗殺が横行していた。敵を蹴落とすことに成功した者たちはそれで安心したかというとそうではなく、恨みをのんで死んでいった者たちの怨霊におびえなければならなかった。災害が起きたり、病に侵されれば、怨霊の仕業と怖れたのである（p129参照）。この**怨霊がもたらす災いを鎮める役割を期待されたのが密教だった**。

たとえば、奈良密教を代表する玄昉《げんぼう》は、聖武天皇の母・藤原宮子《ふじわらのみやこ》の精神の病を治したとされ、これをきっかけに地位を高めていった。また、密教の占星術ともいえる宿曜《すくよう》の秘法を身につけた道鏡《どうきょう》は、孝謙《こうけん》上皇の病を呪法を用いて治した。上皇の信任をえて政界に進出した道鏡は、天皇の地位を狙うまでになったが、藤原氏によって退けられている。

●空海、ライバルを調伏で始末

奈良時代の調伏法は、呪術的力によって怨霊がもたらす災いを鎮める現世利益が基本だったのに対し、平安時代に中期密教が入ると、怨霊に対して経典を説いて聞かせ、怨霊そのものを成仏させるという方向に進んだ。根本の原因となっているのは、悪に苦しむ霊だから、その霊を慈悲の心をもって救済するのである。

調伏法をさまざまに駆使してもっとも活躍したのが空海である。空海は、「ふつうの病気は薬で治せるが、怨霊の祟りや悪業の報いは呪法と懺悔法によらなければ消えない」と言っている。彼は、悪霊を鎮めるためのさまざまな祈祷儀礼を発達させ、それが宮中をはじめ貴族の邸宅などで盛んに行われるようになった。

とくに大きなところでは、810年に高雄山寺《たかおさんじ》で行われた鎮魂のための初の国家的祈祷がある。この時代は怨霊に祟られていて、そもそもの原因は、785年、後継者争いのなかで罪を着せられた早良《さわら》親王が兄・桓武天皇を恨んで餓死したことにあるとされていた。これ以来、桓武天皇が執拗に祟りに悩まされ、周辺の者が相次いで亡くなり、早良親王のかわりに皇太子となった安殿親王まで病にふせた。また、桓武天皇の寵愛をうけた伊予親王は精神の病で自害に追い込まれた。畿内では疫病や干ばつ、水害が頻発し、その祟りは間断なくつづいた。そして810年には、嵯峨天皇と平城《へいぜい》上皇が対立し（薬子《くすこ》の変）、世情不安がピークに達した。空海は、早良親王の餓死以来つづく

空海による調伏を描いた絵（葛飾北斎「弘法大師修法図」西新井大師所蔵）

祟りを鎮めるため、自ら嵯峨天皇に申し出て7日間にわたって祈りをささげたのである。

空海の調伏法のすさまじさについては、さまざまな弘法大師説話にみることができる。たとえば、御伽草子《おとぎぞうし》の『弘法大師御《ご》本地《ほんじ》』などには、西寺の守敏《しゅびん》との法力争いの様子が描かれている。

「国中に干ばつがつづいたため、朝廷は密教僧に雨を降らすよう命じた。空海は東寺で降三世《ごうさんぜ》明王《みょうおう》の法を行い、守敏は西寺で軍荼利の法を行った。しかし、なかなか雨は降らず、17日がすぎた。じつは、守敏が雨を降らす龍を閉じ込め邪魔をしていたのだ。それに感づいた空海は、守敏に祈り負けて護摩壇《ごまだん》からおちて死んだという評判をたて、守敏を油断させようとした。その計略にかかった守敏が壇からおりようとしたとき、降三世明王の放つ矢に射られ、守敏は血を流して死んだ」

空海は調伏法によってライバルの守敏を完全に死にいたらしめたというのだ。

同様の話は『弘法大師出世之巻』にもある。そこでは「帝の病気平癒のため」に清涼殿《せいりょうでん》で2人が法力を争う展開になっているが、毒矢や蛇になった数珠《じゅず》、剣が乱れ飛ぶ激しい戦いとなっている。

さいごは空海の法力によってあらわれた金剛力士が守敏をひっつかみ、虚空《こくう》に投げ飛ばす。

もちろんこれらは創作ではあるが、**密教僧どうしが権力者のまえで法力の優劣を競ったのは事実だろう**。ちなみに、空海が調伏法を行う姿は葛飾北斎が描いており、『弘法大師修法図《しゅうほうず》』として西《にし》新井大師《あらいだいし》（東京・足立区）に収められている。

●ルーズベルトも調伏で死んだ？

空海以降にすぐれた調伏法で活躍した真言密教僧には、聖宝《しょうぼう》や仁海《にんがい》がいる。とくに仁海は、農作物の生育に欠かせない雨を自在にコントロールする神秘的な能力を発揮した。史上最大級の霊的な能力をもつといわれるのは覚鑁《かくばん》で、彼は大日如来と一体化する「入我我入《にゅうががにゅう》」という過酷な行法に成功したといわれる。

また930年代、関東で反乱を起こした平将門の平定に手を焼いた朝廷は、常暁《じょうぎょう》に助けを求めている。常暁は、唐から学んだ最新の調伏法「**太元帥法《たいげんすいほう》**」を用いた。これは常暁でさえ失神したという恐ろしい形相の太元帥明王《たいげんすいみょうおう》を本尊とする。それだけの明王をよびだすので、悪を退治する効果は抜群で、太元帥法によって将門は滅亡したといわれる。朝廷はこの太元帥法を評価し、その後もたびたび採用し、それはなんと明治4年までつづいたといわれる。

南北朝時代から室町時代初期にかけては、戦乱がつづいたため、密教僧には大きな需要が生まれた。調伏をパワーアップさせるため、自分の舌をかんだり、逆さまになったり、呪法が過激化したという話もある。

調伏法を用いた現代の意外な例では、こんな話もある。太平洋戦争の末期、敗戦が濃厚になるなか、日本の密教僧がアメリカのフランクリン・ルーズベルト大統領を調伏させたというのだ（『性と呪殺の密教　怪僧ドルジェタクの闇と光』正木晃、筑摩書房より）。実際、ルーズベルトは終戦直前の1945年4月に突然亡くなっている。一部の真言密教僧のあいだでは調伏法がきいたと本気で信じられているのだ。

17 それまでの仏教を大きく逸脱 性的ヨーガと呪殺のチベット密教

●後期密教を母体としたチベット密教

さまざまな形に派生した仏教だが、なかでももっともいかがわしいイメージがつきまとうのが、**チベット密教**ではないか。チベット密教には性的な修行があり、霊力を用いた殺人まであったとされる。

そんなチベット密教は、チベットで独自に生まれたわけではなく、きちんとインド発祥の密教を母体としている。密教の3段階（p97参照）のうち、日本には中期密教までしか伝わらなかったが、チベットには後期密教までが忠実に伝えられ、その後期密教を最高の密教とみなした。

では、後期密教とはどんな教えなのか？

チベット密教の本尊・阿閦如来

最大の特徴は、究極の修行法として性的ヨーガ（性瑜伽《ゆが》）を導入したことだ。つまり、**性行為によって解脱《げだつ》の境地をめざす**。もちろん僧侶の性行為は戒律で禁じられているが、にもかかわらず後期密教では性的ヨーガを導入したのである。理論的な根拠としては、「最高真理とされる空《くう》が、究極の快楽として心身で直接把握できる」とされていることにある。

本尊は、大日如来にかわり阿閦《あしゅく》如来が中心となる。さらには、グヒヤサマージャ（秘密集会《ひみつしゅうえ》）、ヘーヴァジュラ（呼金剛《ここんごう》・喜《き》金剛《こんごう》）、チャクラサンヴァラ（勝楽尊《しょうらくそん》）、カーラチャクラ（時輪《じりん》仏《ぶつ》）などの仏もいる。これらの仏は、たくさんの顔と腕をもっていたり、同じ顔をした男尊《なんそん》と女尊《にょそん》が抱き合う姿をしている。

●妻は性的ヨーガのパートナー

チベットは、9世紀中頃に生じた混乱で王国が解体した。この混乱期以前に入った密教経典をもとにした宗派を「ニンマ派（古派）」といい、それ以降に入った密教経典を中心に成立した宗派を「サルマ派（新派）」という。サルマ派には三派あり、10〜12世紀に成立したカギュー派とサキャ派、

15世紀に成立したゲルク派がある。

このうちサキャ派のカリスマ的存在として注目したいのが、**ラ・ローツァワ・ドルジェタク**（?～1110以降）である。彼は知的な仏典翻訳者（ローツァワ）だったが、たんなる翻訳者にとどまらず、すぐれた霊的能力を身につけていた。

ドルジェタクの父はニンマ派の密教行者だったとされる。**チベットの密教行者は、仏教僧としてきちんとした教育をうけているわけではなく、ほとんどは身につけた霊力を用いて生活していた。**

父から密教行者としての訓練をうけたドルジェタクは、10歳で「キーラ」の法を伝授された。キーラとは、サンスクリット語で「楔《くさび》」などの意味で、炎の楔をおとすイメージをすることで敵の命を奪う。たとえば、密教経典『秘密集会タントラ』には、「殺せ、殺せ、一切の悪人たちを」「焼け、焼け。燃立つ金剛輪《こんごうりん》よ」などの、仏教経典とは思えない恐ろしいキーラの真言がある。

さらにドルジェタクは、父の命令でわずか11歳で結婚した。密教修行の性的ヨーガのため、瑜伽《ゆが》母《も》とよばれる性的パートナーが必要だったからだ。ただ性的ヨーガでは、性行為はするが射精はしてはいけない。この異様で難解な修行が少年の精神を狂わせたのか、ドルジェタクの態度は急に横暴となった。すると父は息子の足をしばり監禁するなど、虐待まがいの仕打ちをしたという。

●13人を度脱で殺害

やがてバローという師のもとで修行したドルジェタクは、**ヴァーラーヒーとヴァジュラヴァーラー**の行法を伝授される。

ヴァーラーヒーは、**生殖力や豊穣をつかさどる女神**だ。「亥女《がいにょ》」「猪女《ちょにょ》」「豚女」などと訳される。ヴァーラーヒーの行法は、性的パートナーを演じる女性行者（ダーキニー）を、特殊な儀礼によって女神ヴァーラーヒーになったとみたて、そのうえで性的ヨーガを実践する。ドルジェタクはこの性的ヨーガを頻繁に行ったといわれるが、もちろん当時は彼だけではなく多くの密教者が実践していたことだ。

また、密教には秘法を伝授する「灌頂《かんじょう》」という独特の儀式があるが、そこでも性行為が営まれていた。弟子が師の精液を飲むなど怪しい性的秘儀があったとされる。

ちなみに、日本の密教界にもこのような性的儀礼がなかったわけではなく、平安末期にあらわれた立川流《たちかわりゅう》で行われていたとされるが、邪教として弾圧され消えている。

もう1つのヴァジュラバイラヴァの行法は恐ろしい。ヴァジュラバイラヴァは、文殊菩薩の化身であり、冥界の王とされる。複数の顔と腕をもち、水牛にまたがる姿で描かれる。**このヴァジュラバイラヴァと融合し、水牛の角をにぎりしめ、敵を打ち殺すとイメージすることで、相手の身体は粉々になる**。敵は、文殊菩薩の浄土へと瞬時に送り届けられる。

このヴァジュラバイラヴァの行法は「度脱《ドル》」という。ドルジェタクは、度脱は殺人ではなく、慈悲の実践と考えていた。敵を浄土に送り届けるからだ。

ドルジェタクは、敵に妻と財産を奪われたとき、はじめて度脱を行った。そのあまりのすさまじさに、敵味方ともドルジェタクに畏れをなし、たちまちひれふしたという。それ以降、彼は悪人やライバルの密教呪術者に対し度脱を行った。生涯を通じて彼が度脱したのは13人にものぼる。

この度脱で思い起こすのが、オウム真理教の「ポア」だろう。「ポア」はオウム真理教教祖の麻原彰晃が殺人を正当化するために用いた言葉だ。ただし、ポアはチベット密教の度脱にはあたらない。後述するように、ドルジェタク以降のチベット密教ではそもそも度脱を否定している。またドルジェタクにしても、度脱の対象は彼の命を狙った敵のみだった。オウム真理教のように無差別に大量に殺人することはない。しかもオウム真理教は霊力を用いたわけではなく、毒物を用いている。その点からも、ポアはけしてゆるされないのである。

曼荼羅に描かれたヴァジュラバイラヴァ

●性・呪殺を封印

ドルジェタク以降の展開をみておくと、チベットは

ダライ・ラマ14世。チベット仏教の最高指導者

モンゴル軍の侵攻で危機を迎えたが、モンゴル王室と友好な関係を築くことで難を逃れている。モンゴル王室はチベット密教が説く性的ヨーガにおぼれたようで、これによって莫大な財産を失い、崩壊を早める一因になったといわれる。

一方、チベット密教は、性的ヨーガを政治的に利用することを反省するようになった。また、どんな呪術でもモンゴル軍のような相手には無力であることを自覚し、霊力への疑いをもつようになった。ここから性と呪殺を封印する方向へ進んだ。性的ヨーガは、あくまでも冥想のなかでシンボル的な行為として利用するようになった。

大変革が起きたのは、ゲルク派の始祖ツォンカパ（1357～1419）があらわれてからである。ツォンカパは、密教のなかでも「秘密集会タントラ」を頂点におき、すべての仏教宗派のなかでもいちばんきびしい戒律を説き、それまでの堕落した空気を一掃した。ここから**ゲルク派が主流のチベット密教は非常に厳格で禁欲的になり、いまでも肉食や妻帯を禁じている。**

ちなみに、ゲルク派の最高指導者がダライ・ラマである。17世紀以降はダライ・ラマがチベット政府のトップの地位を兼任している。

第三章 仏教の知られざる歴史

18 ブッダは一族を見捨てた？ 王を欺き根絶やしにされた釈迦族

●釈迦族は根絶やしにされた

釈迦《しゃか》は、紀元前5～4世紀（一説には紀元前463年）、北インド（現在のネパールあたり）の**釈迦族の王子**として生まれた。釈迦族に生まれたことから「釈迦」「釈尊《しゃくそん》」などとよばれる。

当時のインドには、バラモンとよばれる僧侶階級を頂点にした階級制度があり、辺境民族の釈迦族は第2階級のクシャトリア（王族と武士）にあたったとされる。階級は高い。

ところが、そんな高貴な種族であるはずの釈迦族は、**コーサラ国**によって根絶やしにされたといわれる。

なぜ、そんな悲劇が起きたのか？

●下女を王妃としてさしだす

釈迦は35歳のときに悟りを開いて、ブッダ（真理を悟ったもの）となった。それから80歳で入滅するまで各地で伝道活動を行った。

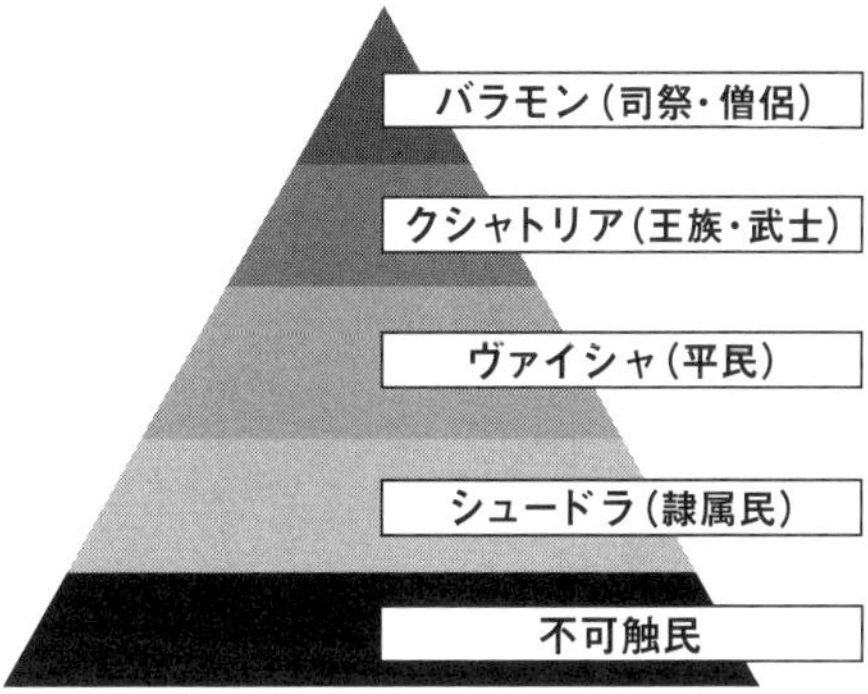

インドの階級

当時インドを統一していたマガダ国の首都ラージャガハ（王《おう》舎城《しゃじょう》）に赴いたときは、国王ビンビサーラがすぐに帰依《きえ》し、王舎城の入り口の外側にある竹林精舎《ちくりんしょうじゃ》の寄進をうけた。これによって教団は広く知られる存在となった。

故郷のカピラヴァットゥでも布教し、釈迦族500人を帰依させている。

また、コーサラ国も訪ねている。コーサラ国はマガダ国と対立関係にあり、釈迦族を従属させていた国だ。それにもかかわらず釈迦はコーサラ国に赴き、**国王パセーナディ**を帰依させている。パセーナディは熱心な信徒となったという。それから、首都サーヴァッティー（舎衛城《しゃえいじょう》）のスダッタという長者が、パセーナディの太子ジェータから買い取った広大な土地を釈迦に寄進した。この土地は「ジェータの園」とよばれ、漢訳では

「祇園《ぎおん》」という。いわゆる「祇園精舎《しょうじゃ》」である。

釈迦は、マガダ国の竹林精舎とともに、この祇園精舎も重要な拠点とした。それほど釈迦とコーサラ国との結びつきは強かったといっていい。

ところがすでにこのとき、コーサラ国と釈迦族のあいだでは恐ろしい事態が進行していた。話は釈迦が悟りを開いた頃にさかのぼる。ちょうどそのとき、コーサラ国ではパセーナディが王位についたばかりだった。

「即位したパセーナディ王は、妃を釈迦族から迎えようと、大臣を派遣した。大臣は釈迦族500人を前に『もし妃をださなければ武力で攻め滅ぼす』と王の言葉を伝えた。これを聞いた釈迦族の人々は『なぜあんな卑しい国の王に女をさしださなければならないのか』と憤慨した。するとマハーナーマという男が、**容姿端麗な自分の下女《げじょ》を沐浴《もくよく》させ、身なりを整え、自分の娘だと偽って王のもとにさしだした**」

前述のように、古代インドでは厳しい階級制度があった。身分の低い下女を王と結婚させるというのは、たいへんな侮辱行為である。

パセーナディ王はなにも知らず、釈迦族から迎えた下女を第一夫人とした。夫人はまもなく男児を生んだ。それが**ヴィドゥーダバ太子**である。

「ヴィドゥーダバは8歳になった頃、夫人の実家のマハーナーマのもとに送られ、釈迦族の子どもたちとともに弓術を学んだ。あるときヴィドゥーダバは、城のなかに完成したばかりの講堂の獅子座にのぼった。獅子座は神々や王族のみがのぼることができる神聖な場所である。釈迦族の人々はこれを見て怒り、ヴィドゥーダバのひじをとらえて門外に追放し、『おまえは下女の産んだ子だ。まだ諸天さえのぼっていない座についた』と、さらに鞭打って地面にたたきつけた」

相手は子ども。しかも、大切にあずかった「王族」である。釈迦族の仕打ちは残酷だった。ヴィドゥーダバはこのとき、父・母・釈迦族に対する恨みをつのらせ、復讐を誓った。釈迦族殲滅《せんめつ》計画はこうして始動した。

●手足を切り穴に放り込む

ヴィドゥーダバは、パセーナディ王が亡くなったあと、王位をついだ。一説には、パセーナディ王の留守中に王位を奪ったともいわれる。彼にはジェータという兄がいた。前述の通り、釈迦に祇園精舎を寄進した太子だ。その兄を差し置いて王位についたのだから、なにかしらクーデターがあったと推測される。

ヴィドゥーダバ王は、釈迦族を攻撃するため進軍した。ところが、その道中に釈迦があらわれる。

「釈迦は、軍隊の通る街道にあった枯れ木のもとで座禅をしていた。進軍してきたヴィドゥーダバ王はそれを見て、『なぜ青々とした木がほかにあるのに、枯れ木のもとに座っているのか?』と尋ねた。釈迦は『親族の陰に勝るものはない』と答えた」

その木は、釈迦族が大事にする木であり、釈迦は釈迦族への愛情を示したのだろう。これで考え直したヴィドゥーダバ王は、侵攻をやめた。

ところが、かつての屈辱を思い起こし、王はふたたび進軍した。するとまた釈迦は枯れ木のもとで座禅をしていた。これを見た王は軍を引き返した。

しかし、やはり怒りはおさまらず、ヴィドゥーダバ王はふたたび進軍を開始した。これを弟子の目連から聞いた釈迦は、「いままでの行いを無にすることなどできない。釈迦族は悪い行いに対する報いをうけるときがきた」と言って、ついに釈迦族を見放した。

釈迦族は、釈迦によって2度は救われたが、3度目はなかったのである。この話は、「仏の顔も三度まで」ということわざの由来になっている。経典などによると釈迦が止めに入ったのは「2度」までだが、ことわざでは「3度」までに変化している。

釈迦族の末路は悲惨だった。

城に乱入したヴィドゥーダバ王の兵たちは、釈迦族を片っ端から切り裂き、暴れ象を放ってふみつぶした。あたりには大量の血が飛び散り、川のように流れたという。

この悲劇を招いた張本人といえるマハーナーマは、「私が水に潜っているあいだだけ、釈迦族の人を逃してほしい」と王に言って、水にもぐった。しかし、いつまでたっても浮かんでこない。このあいだに釈迦族は逃げることができた。王が水底を調べさせると、マハーナーマは木の根に髪をくくりつけて亡くなっていたという。

ヴィドゥーダバ王は城を焼き払い、釈迦族の女500人をとらえ、弄ぼうとした。が、女たちは「下女の生んだ者となぜ交わらないといけないのか」と断った。これに怒った王は、群臣に命じ、500人すべての女の手足を切って深い穴に放り込んだ。

ヴィドゥーダバ王軍が虐殺した数は、9999人。釈迦族は滅亡したといわれる。ただ、逃げのびた釈迦族がいたという説もある。

さらにヴィドゥーダバ王は、「人殺しはできない」と言って、戦いに加わらなかった兄ジェータ太子までも斬り殺している。

では、ヴィドゥーダバ王はその後どうなったのか?

釈迦は祇園精舎に赴いたとき、「ヴィドゥーダバ王とその兵は7日後に滅ぶ」と予言した。それを伝え聞いた王たちは恐怖したが、7日目になってもなにも起きな

現在の祇園精舎。この地で釈迦は、ヴィドゥーダバ王らが死ぬと予言した（myself/CC BY-SA 2.5）

かった。喜んだ王や大臣たちは女を連れて川の畔《ほとり》に遊びに行った。すると、夜になって激しい暴風雨が巻き起こり、全員が川に流され亡くなった。城も天火によって焼かれたという。

「王は地獄に堕ちた。悪い行いをしたら必ずその報いをうけるのである」と釈迦は説いた。

以上、釈迦族殲滅の話は『増一阿含《ぞういつあごん》』など初期の複数の経典や『今昔物語集』に語られている。規模も残虐性も最大規模の弾圧が、仏教史の最初期に起きていたのである。**釈迦族はけして尊いわけではなく、ほとんど自業自得で根絶やしにされた**。そのなかには仏教徒もいたはずなのに、釈迦は見捨てた。これが事実であるとすれば、ただ唖然とするしかないのである。

19 仏教が衰退するきっかけとなった インド仏教とイスラム教の衝突

●ガンダーラ仏教美術が破壊される

仏教は北インドに生まれた釈迦の悟りからはじまり、インドを中心に広まった。ところが、**仏教発祥の地であるインドでは現在、1%ほどの仏教徒しかいない**。

これはなぜかというと、かつてイスラム教徒による大規模な仏教弾圧が行われ、インド仏教が絶滅にまで追い込まれたからだといわれている。

実際、なにが起きたのか？

インド仏教は、1～3世紀のクシャーナ朝の時代に最盛期を迎えた。この王朝のもとで大乗《だいじょう》仏教が確立し、ガンダーラ（現在のパキスタン北西部）ではギリシア文化の影響をうけた仏教美術が花開いた。人間の姿をした写実風の仏像がつくられるようになったのはこのときである。

その後、320年にグプタ朝が建国されるが、そこで国教に採用されたのはインド古来のバラモン教だった。仏教のライバルだったヒンドゥー教は、バラモン教の哲学や神話を巧みにとりいれ、民衆からも上層階級からも支持をえるようになった。ところが、仏教にはそうした柔軟性がなかったため、社会勢力としては弱体化していった。インド宗教の主流はヒンドゥー教に移行していったのである。

ただ、グプタ朝は仏教を迫害したわけではない。むしろ仏教を援助したほうだった。たとえば、インド最大のナーランダー僧院はこの王朝のもとで建てられ、それから800年以上にわたって仏教研究の一大中心地となったのである。

そのグプタ朝も、5世紀半ばに西北インドに侵入してきた**遊牧民国家エフタル**によって圧迫され、滅亡にいたる。そしてこのエフタルが仏教の大きな脅威となった。

エフタルは、ガンダーラ地方などを併合し、インドの中原にまで侵入した。ミヒラクラ王（502〜542年頃）の代には、大規模な仏教弾圧が起きた。とくにガンダーラでは徹底的に仏教寺院が破壊され、北インドの仏教は壊滅的な打撃をうけたのである。

ナーランダー僧院跡。仏教衰退後にイスラム教徒が侵入すると、この地も破壊された

●イスラム教への改宗が進み仏教衰退

エフタルは6世紀のはじめに撃退されたが、その後のインドは多くの地方政権が分立する群雄割拠の時代に入った。

イスラム教徒が本格的に侵入してくるのは、8世紀のことである。**711年、侵攻してきたイスラム教徒が西インドを征服・支配した**。

ただ、初期のイスラム教徒は、無差別に仏教を弾圧したわけではない。相手が反抗しなければ、仏教徒に攻撃はしなかった。反抗したときだけ、殺戮《さつりく》をした。もちろんその殺戮は容赦なく、都市そのものが殲滅《せんめつ》されるほどだった。

反抗しなければ殺戮は逃れられる。しかし、それですむわけではなく、改宗を強いられた。よって、静かに**仏教からイスラム教への改宗がすすんだ**のである。

たとえば、ニールンやモジャといった反抗しなかった都市では、仏教寺院がモスクとなり、人々はイスラム式の祈りを積極的に受け入れていった。こうした都市では、仏教が消えた。都市まるごとイスラム教に改宗し、けして仏教に戻ることはなかった。

このようにイスラム教の登場により、仏教の弱体化は一気にすすんだ。それまでのインド社会では、仏教は反ヒンドゥー教の役割をになっていたが、その役割さえもイスラム教に明けわたし、あるいは奪われることになったのである。それによって仏教は社会的機能を失い、消滅に向かうことになった。

インド各地で仏教が次々と消えていった。が、そのとき、**最後の砦となったのが東インド**だった。東インドのビハールやベンガルでは、仏教が最後まで存続していた。この地域を中心にパーラ王朝が400年ほど存続していたからだ。パーラ王朝では歴代の王が熱心に仏教を援助していた。ナーランダー寺、オーダンタプリー寺、ヴァジラーサナ寺、ヴィクラマシラー寺という四大寺が整備され、ここが研究と修行の拠点となり、末期インド仏教の最後の輝きを放ったのである。

この時期のインドを概観すると、西・西北インドはイスラム系のアッバース朝の支配下となり、それに対抗するように、中央インドではヒンドゥー教が隆盛していた。そして、インドの東端のベンガルにおいて仏教がかろうじて存続していた、という構図になる。

●インド仏教の終焉

12世紀末、イスラム系のゴール朝が北インドを平定し、パーラ王朝も滅亡に追い込まれた。ゴール朝のイスラム軍は1202年にはベンガルまで進出し、パーラ王朝時代に栄えた寺院への攻撃を開始した。

1203年、イスラム軍は四大寺の1つであるヴィクラマシラー寺を襲撃した。多くの僧侶と尼僧が惨殺され、財産はことごとく強奪され、寺は打ち壊された。ヴィクラマシラー寺は、わずかな遺跡も残さず徹底的に破壊されつくされたことで、現在では寺の所在さえ確かめることができなくなっている。

破壊されたのは、ヴァクラマシラー寺だけではない。それ以外のオーダンタプリー寺やナーランダー寺、ヴァジラーサナ寺なども同じ時期に破壊された。

イスラム教徒はなぜこれほど徹底的な破壊行為ができたかといえば、偶像崇拝を禁じているからである。**この時代の仏教徒は仏像を拝む習慣があったが、イスラム教徒はこの偶像崇拝をゆるさなかった**のである。

では、仏教徒はどうやって抵抗したかというと、仏教徒はイスラム教徒の弾圧にも抵抗せずに殺されていったのである。この無抵抗は、戒律の不殺生にもとづく非暴力主義のあらわれと考えられる。この時代のインド仏教徒の戒律に対する厳格さは、日本の戦う僧兵（p136参照）と比べようもないのである。

イスラム教徒は東インドを征服した。生き残った僧侶は、ネパールやチベットなどに逃れ、インドからは仏教徒がいなくなった。そして逆にこの地域は、イスラム教の一大拠点となってしまった。

一般には、この時点でインド仏教は完全に滅んだといわれている。

インド仏教が絶滅したのは、イスラム教徒の侵攻が大きな要因ではあるが、すでに説明したように、インド仏教はそれ以前から衰退にむかっていた。**弱体化しながらも東インドの大寺院のなかで守られていた仏教の最後の信仰に決定的な一撃を加えたのが、イスラム教徒の弾圧だった**のである。

また、「絶滅」という点につけ加えると、別の見方も紹介しなければならないだろう。

確かに大寺院を中心とする仏教教団は13世紀に滅んでしまったが、それでもインド仏教が根絶やしになったわけではなかった。イスラム教徒が東インドを征服したあとも、ビハールのマガダ地方には仏教徒が存在し、後世まで教えがうけつがれていたといわれる。

現在でも東ベンガル（バングラディシュ）には、数十万の仏教徒が存在しており、活発に活動している。これは近年、セイロンやビルマから伝来した仏教徒ではなく、昔から伝わってきた仏教徒だといわれる。

一般には、インド仏教の復興は、トルコ系イスラム王朝のムガル帝国（16〜19世紀）が崩壊して、イギリス支配から抜け出そうとした19世紀以降のこととされる。しかし、その間にもインド仏教は細々と存続していたと考えられるのだ。

よって、インド仏教は絶滅したわけではなかったのである。

20 石碑がしゃべり仏塔が激しくゆれる 中国・朝鮮で起きた怪現象

●石碑が大声をだした

石碑がしゃべりだす。仏塔がひとりでにゆれる。そんな恐ろしいことがあるわけない、と思うかもしれないが、これらは実際にあった怪現象として、中国や朝鮮の歴史書にも記されていることである。

この怪現象にもっとも深く関係しているのが、中国・唐の時代に起きた「**安史《あんし》の乱**」だ。

8世紀、皇帝の玄宗《げんそう》は、善政をしいて唐に全盛期をもたらしたが、晩年になると、息子の寿王から横取りした楊貴妃《ようきひ》を溺愛するあまり、政務を放棄し、帝国は弱体化した。

すると756年、安禄山《あんろくざん》が軍団を率いて挙兵し、都の長安を急襲した。これが「安史の乱」である。

玄宗は長安を脱出して四川《しせん》に落ちのびるも、その途中で楊貴妃を失った。唐軍は長安を奪い返すことに成功したが、上皇となった玄宗は政治の舞台から追放され、まもなく失意のうちに亡くなった。

明らかに弱体化した唐王朝は、1世紀後にふたたび大きな危機に直面する。875年、王仙芝《おうせんし》の起こした反乱に呼応して黄巣《こうそう》が挙兵し、全国規模の大反乱に発展したのだ。880年、黄巣は長安を征圧し、唐王朝は崩壊の危機を迎えた。

怪現象が起きたのは、まさにこのときである。唐王朝の正史『新唐書《しんとうじょ》』には次のようにある。

「**880年、華岳廟《かがくびょう》の玄宗が建てた石碑が、大声をだし、その声は数里先まで聞こえ、10日ほどつづいた。これは石がものを言う現象のようである**」

玄宗が建てた石碑がしゃべりだした、ということである。

華岳廟は道教の聖地である。道教を庇護する玄宗は、その信仰心をあらわすために、ここに超巨大な石碑を建てている。その石碑がしゃべりだしたのである。玄宗が建てた石碑がしゃべったということは、玄宗がしゃべったといっていい。

よくよく考えてみると、「黄巣の乱」というのは、玄宗が巻き込まれた「安史の乱」と同じような経過をたどっている。同じように反乱軍によって長安が陥落し、王朝の危機を迎えている。だから「黄巣の乱」のときに石碑がしゃべったというのは、偶然ではないだろう。同じような危機に直面した玄宗からのなんらかの警告だったと考えられる。それが石碑を通して発せられたのだ。

ちなみにその後、唐軍はトルコ系民族の救援をえて、都を奪還。ただ、以前のような権力基盤はなく、衰退の一途をたどるのみだった。

●古代から伝わる「石言」

石がしゃべる怪現象。これは「**石言**《せきげん》」という。じつは中国では古代からたびたび石言の現象が記録されている。

もっとも古い事例では、前534年、春秋時代の強国だった晋《しん》で石が言葉を発したことが『春《しゅん》秋《じゅう》左《さ》氏《し》伝《でん》』に記されている。晋の政治顧問だった師曠《しこう》が言うには、「君主の悪政によって民衆の恨みがつのると石の性質が変化し、言葉を発するようになる」という。ここから、**石言は民衆の恨みが原因**と考えられるようになった。

8世紀半ばに唐王朝に対して反乱を起こした安禄山

その後も、民衆の恨みだけではなく、反乱発生の前兆として、あるいは王朝の滅亡という危機的状況にあわせて石言の記録が残されている。

また、石から発せられる異常な音として、「石鼓《せっこ》」という怪現象の記録もある。石鼓が発生すると、反乱が発生するといわれた。

反乱は、民衆の恨みが原因で起きる。だから、石鼓と石言はほぼ同じ意味をもつ現象として解釈できる。

悪政によって民衆の恨みがつのると、反乱が発生し、それが大きくなれば王朝の滅亡という危機を迎える。石鼓や石言は、そうした危険を君主に警告する現象なのだろう。もっと言えば、君主には直接言えないが届けるべきメッセージが、石に仮託されて発せられたともいえる。

●仏塔が激しく震動した

ところで、安史の乱と同じ頃、お隣の朝鮮半島では、さらに不気味な現象が起きている。

朝鮮の歴史書『三国史記《さんごくしき》』によると、「755年、望徳寺《ぼうとくじ》の2つの仏塔が、倒れそうなほど激しく震動し、その距離が開いたり狭まったりしながら、数日つづいた」とある。さらにその怪現象の原因は、「同年に唐で起きた安史の乱だ」としている。この怪現象は1度きりではなく、798年、804年、816年とたてつづけに起きた。**いずれも2つの仏塔が、まるで「戦う」ように激しく震動した**としている。

なぜ朝鮮半島にある望徳寺の仏塔が、中国の安史の乱によって動いたのか？

望徳寺は、朝鮮半島支配を進めていた新羅が、唐と戦争をしていた671年に建てられたものである。唐の軍勢を仏教の力を借りて排除し、半島支配を安定化させたいという強い願いを込めて創建された。

すると、対唐戦争の象徴である望徳寺の仏塔が、安史の乱にあわせて振動した理由が見えてくる。朝鮮半島は、高句麗・百済・新羅の三国時代以前からつねに隣国・中国の脅威にさらされながら、なんとか存立を保ってきた。そんななか中国で起きた安史の乱は、唐王朝ばかりか、朝鮮半島をも呑み込みかねない動乱だったわけである。中国の「石鼓」や「石言」の現象に照らし合わせれば、望徳寺の仏塔が激しくゆれたのは、新羅王朝に警戒をうながすサインだったと考えることができるだろう。

●朝廷が恐れた鳴動

仏塔が動くという現象は、朝鮮半島独自のもので、中国ではほとんど見られない。一方、日本には同じような現象がないわけではない。ある場所や物体が鳴り動く「**鳴動**《めいどう》」という怪現象がある。有名なところでは、**京都・東山の将軍塚**がある。ここは、桓武天皇が平安京を造営するとき、八尺（約2・4m）の武装した土偶をつくって埋葬した場所である。将軍塚は、**怨霊封じ**の意味があったと考えられる。この将軍塚が、1156年と1179年に鳴動している。1156年は保元《ほうげん》の乱で武士勢力が台頭した年で、1179年の翌年は治承《じしょう》の乱で源頼朝が挙兵している。つまり、朝廷の危機にあわせて鳴動しているのだ。日本の鳴動もやはり、ときの政権への警告の意味があったのだろうか。

墓の鳴動もある。

大阪の水無瀬神宮《みなせじんぐう》は、現在は後鳥羽院を主祭神とする神社であるが、以前は、１２３９年に隠岐《おき》で亡くなった後鳥羽院の御影堂が建てられ、その死霊をまつっていた。この水無瀬御影堂が南北朝時代から激しく鳴動している。

また、兵庫の多田《ただ》神社（多田院）は、清和源氏の始祖・満仲《みつなか》の死霊を管理していて、清和源氏の末裔にあたる歴代の足利将軍の遺骨が分納されている。ここが、１４１５年からなんども繰り返し鳴動している。

南北朝時代の中央政権は、足利将軍家と天皇家の公武一体で成り立っていた。足利家と天皇家にゆかりのあるそれぞれの墓が鳴りつづけたというのは、政権の危機を警告していたのだろう。事実、まもなく京都は応仁の乱をへて焼け野原となる。足利家と天皇家の権威は失墜し、戦国大名たちに翻弄されていくのである。

21 朝廷を恐怖の底に突き落とした日本史上最大の怨霊・崇徳院

●日本史上最大の怨霊

日本では昔から、疫病が流行したり、大規模な災害が起きると、怨霊《おんりょう》のしわざではないかと恐れられてきた。

怨霊とは、死後に落ち着くところがなくなった霊魂である。弾圧をうけたり、追い込まれて非業の死をとげ、きちんとした供養もうけられないと、その霊魂は怨霊と化す。相手を恨んで祟ったり、それだけではなく、社会全体に甚大な被害をもたらす。しかもその祟りはなんども執拗に繰り返されるのだ。この怨霊を鎮める役割をになったのが仏教だった。

日本史上に残る有名な怨霊には、太宰府に左遷され、望郷の思いを抱きながら命をおとした菅原道真や、新皇《しんのう》を自称して東国で独立をはかったが、無残に打ち落とされ、京都に首がさらされた平将門などがいる。しかしそれよりも影響力が大きく、**時の政権を震え上がらせた日本史上最大の怨霊といえるのが、崇徳院《すとくいん》の怨霊**である。

崇徳院（1119〜64）は、鳥羽《とば》天皇の長男ではある。ただ、出生に謎があって、じつは、鳥羽天皇の中宮・璋子《たまこ》と白河院《しらかわ》（鳥羽天皇の祖父）が密通して生まれた子どもではないかといわれている。周囲の人は口にはしないが、誰もが知っていることだった。当然、鳥羽天皇はこれが気に入らないので、崇徳院を冷遇しつづけることになった。

1123年、5歳で即位した崇徳天皇は、1141年、わずか3歳の異母弟・體仁《なりひと》（近衛《このえ》天皇）に天皇位をゆずった。鳥羽院から譲位をせまられたからだ。

鳥羽院が院政をとりつづけたので、崇徳院は政治的に無力となった。1155年、近衛天皇が亡くなったとき、崇徳院は息子の重仁《しげひと》を即位させて復権をはかろうとするが、鳥羽院が29歳の雅仁《まさひと》親王（後白河天皇）を即位させたことで、望みは絶たれた。

その翌年、鳥羽院が亡くなる。崇徳院はいまがチャンスとばかりに、武力侵攻にうってでる。左大臣の藤原《ふじわらの》頼長《よりなが》らと組んで、後白河天皇に対して挙兵した（保元《ほうげん》の乱）。ところが、後白河天皇側には源義朝《よしとも》や平清盛ら強力な武将がつき、逆に反撃をうけることになる。拠点とした白河殿《しらかわどの》に火をかけられ、戦いはわずか数時間で終わった。

崇徳院が敗れた保元の乱（「保元平治合戦図屏風」部分／メトロポリタン美術館所蔵）

崇徳院側の武士ら74人ほどが処刑され、そのほかの者は配流《はいる》となった。逃亡をはかった崇徳院だったが、あっという間《ま》にとらえられ、鳥羽から舟にのせられ、讃岐《さぬき》に流された。ここから人々は「讃岐院」とよんで、バカにするようになったのである。「讃岐院」は、それから9年ほどの寂しい田舎暮らしの果てに亡くなった。

●朝廷殲滅をはかった血書五部大乗経

讃岐時代の崇徳院には、たずねてくる人もおらず、完全に孤立していた。そんな苦境のなかで、崇徳院は世の中に対する恨みを増幅させていった。

「讃岐配流後の崇徳院は、都においてほしいと朝廷に訴えたが、かなわなかった。そこで朝廷を滅亡させようと、五部大乗経（華厳経《けごんきょう》・大集経《だいじっきょう》・大品般若経《だいぼんはんにゃきょう》・法華経《ほけきょう》・涅槃経《ねはんぎょう》）を3年かけて書いた。舌先を食い切り、その血で経の奥に『日本国ノ大悪魔』となることをしたためた。すると髪の毛と爪がのびた異様な姿となり、生きながらにして天狗《てんぐ》となった。そして、生霊となって平治の乱を巻き起こしたのである。亡くなってからはますます怨霊として猛威をふるった」

これは1230年代にまとめられた『保元物語』（半井本《なからいぼん》）にある話である。怨霊は、祟る人と祟られる人の関係だが、天狗はもっと厄介で、ほかの人にのりうつって、異常な行動をさせるといわれる。崇徳院はその天狗になって世の中を荒らしまわったということである。

もちろんこれは作り話である。崇徳院が書いた五部大乗経というのも、『吉記《きっき》』という史料にはふれられているが、本当はなかったといわれる。

実際の崇徳院は、病をかかえながら静かな暮らしをしていた。『小倉百人一首』にも選ばれた崇徳院のこの時期の歌からは、心細い思いをしながら、極楽往生を願う穏やかな心情がうかがえる。『保元物語』がまとめられたのは、崇徳院が亡くなってからかなりあとのことである。これほど実際の姿からはかけ離れ、怨霊化したイメージが広がったのも、**崇徳院の死後に都で悲惨な出来事が頻発した**からだ。

●連続死・大火と怨霊が猛威をふるう

それは1176年のことである。崇徳院を配流とした後白河院の周辺の人物が、相次いで亡くなった。鳥羽院の娘・高松院姝子《たかまついんよしこ》（30歳）、後白河院の女御《にょうご》・建春門院《けんしゅんもんいん》平滋子《たいらのしげこ》（35歳）、後白河院の孫・六条院（13歳）、近衛天皇の中宮・九条院呈子《くじょういんしめこ》（46歳）の4人がわずか2か月ほどのあいだにバタバタと死んだ。人々は崇徳院の怨霊を意識せざるをえなくなった。

翌（安元《あんげん》3）年4月には、怨霊の存在を決定づける事件が起きた。比叡山延暦寺の僧侶たちが神《み》輿《こし》をかついで洛中に入ってきたところ、どこからともなく矢がふってきて、多くの人が射殺されたのである。公卿の九条兼実《くじょうかねざね》はこの事件を「天魔の所業」と記している。

また同月、安元の大火が起き、大極殿《だいごくでん》ほか八省院《はっしょういん》がすべて焼失した。京都は3分の1ほどが燃えつき、通りのあちこちに遺体が転がる地獄絵図そのものの悲惨な姿となった。

ここにいたって、崇徳院の怨霊の存在を認め、なにかしらの対策を本気で講じなければいけないと認識されるようになった。三条実房《さんじょうさねふさ》の日記『愚昧記《ぐまいき》』には、「最近相次いで起こる事態が崇徳と藤原頼長の祟りによる疑いがあり、これを鎮めることは非常に重要なことである」と左大臣・経宗《つねむね》が九条兼実に述べていることが記されている。

怨霊として描かれた崇徳天皇（歌川国芳「百人一首之内　崇徳院」）

同じ年、さっそく崇徳院の名誉回復がはかられ、それまでは「讃岐院」とよんでいたのを、「崇徳院」とあらためた。「徳」の字をあたえることで鎮魂をはかったのである。また、崇徳院が建てた成勝寺《じょうしょうじ》で国家的祈祷を行ったほか、讃岐の崇徳院墓所を整備し、国家による追善供養を行った。それだけではない。1184年には崇徳院の御所があった春日河原に崇徳院廟が建てられた。

これによって、怨霊は鎮められたかにみえた。

ところが1185年、京都から鎌倉にかけての広い地域で大地震が起きた。壇ノ浦の戦いで平家をほろぼしたばかりだった源頼朝は、これを崇徳院の怨霊のしわざだとおびえた。この時期はなにか不幸が起きれば、だれもが崇徳院の祟りだと恐れたのである。頼朝は後白河院に対し、崇徳院の御霊をあがめるべきだと伝えた。また1191年には、後白河院が病におちいり、ふたたび怨霊の恐怖を思い知ることになる。

時代がうつっても、崇徳院の怨霊の怖さは『保元物語』などによって伝えられ、あらゆる作品に登場するようになった。江戸時代には、上田秋成《あきなり》の『雨月物語《うげつものがたり》』で、西行《さいぎょう》が讃岐の崇徳院の墓を訪れ、怨霊となった崇徳院に歌を詠んだところ、心が和らいだことを記している。曲亭馬琴《きょくていばきん》の『椿説《ちんせつ》弓張月《ゆみはりづき》』では、源為朝《ためとも》がピンチになったときにあらわれる怨霊として登場している。

幕末になると、朝廷でふたたび崇徳院の怨霊について真剣に議論されるようになった。つまり、保元の乱以降、武家が政権をにぎり、朝廷の力が衰えてしまった原因は、配流に処した崇徳院の怨霊にある、と考えられたのである。

そこで崇徳院の神霊を京都に戻そうという計画が動き出した。1868年、明治天皇の即位の礼にあわせ、崇徳院の神霊還遷が行われた。讃岐から神霊を帰還させ、現在の白峯神宮《しらみねじんぐう》にまつられたのである。

平安末期に生じた怨霊の鎮魂が、明治政府の最初の重要な事業となっていたことには、ただただ驚くほかない。

22 放火・合戦・強盗…やりたい放題だった中世の悪僧

●武士と同時期に僧兵が発生

いまのお寺からは想像できないことだが、**中世の日本のお寺には武装した「僧兵《そうへい》」がいた**。彼らは、ことあるごとに合戦にくりだし、武力でおどして強盗を働くこともあった。もちろん真面目に仏法を守る僧侶もいたが、こうした武力をもった悪僧が増え、寺院内も戦場と化したことから、寺の様子は随分と荒廃したものとなっていた。

なぜそのような悪僧が増えたかというと、各寺院がある程度自立し、自ら生き残りをかけて戦っていく必要に迫られたから、といえるだろう。**ライバルの派閥や寺院と戦い、あるいは政治権力ともわたりあっていくには、理屈ではなく、力がものをいう**。真面目に仏法を説いているだけでは存

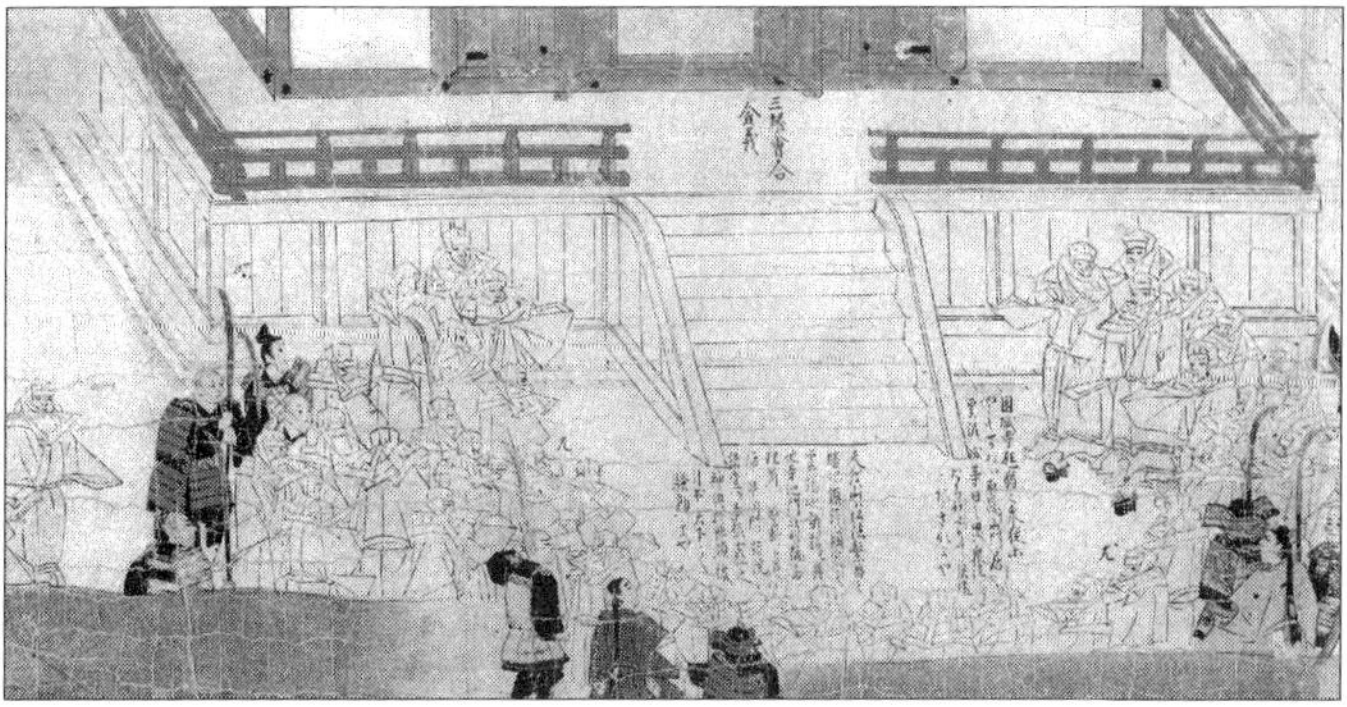

中世の僧侶たち。大寺院は生き残りのため、武装した僧兵を抱えていた（「天狗草紙」東京国立博物館所蔵）

続できなかったのである。

　中世の寺院の成り立ちを見てみよう。

　中国をお手本とした日本のお寺は、中国のように国の保護のもとつくられ、財政的にも保証されていた。こうした寺を「官寺」という。しかし、奈良後期から平安初期にかけて国家財政が厳しくなると、国の後ろ盾が弱まり、官寺はある程度自立する必要に迫られ、自ら荘園《しょうえん》（寺田《じでん》）などを経営するようになった。一方で、貴族らの保護のもとつくられる「私寺」も増えた。

　寺の数が増えると、僧侶というキャリアが社会的に認知され、僧侶になる者が劇的に増えた。６２４年には僧８１６、尼５６９だったの対し、８世紀末には僧尼あわせて数千人から１万人前後にふくれあがっていたという。なかには課税逃れのために僧になる者や、立身出世を狙って出家する者もいただろうが、とにかく寺に人が集まり、社会的に大きな勢力となったのである。

寺院に所属する僧たちは、経典の用語にしたがって「**大衆**《だいしゅ》」とよばれる。比叡山の延暦寺と奈良の興福寺は「南都北嶺《なんとほくれい》」などとよばれるライバル関係にあったが、こうした大寺院は大衆が組織化され、ほとんどひとつの国のようなものができていた。本山の寺院のもとには地方の末寺《まつじ》や末社《まっしゃ》から毎年、一定の年貢や人夫が徴収され、寺の発展を支えていた。

では、僧兵はいつ頃にあらわれたかというと、一般には、延暦寺の天台座主《てんだいざす》（延暦寺の住職）・良源《りょうげん》が創設したといわれている。室町時代に書かれたとされる『山家要記浅略《さんげようきせんりゃく》』には、「良源が天台座主のとき、仏法を守り叡山の経済を維持するため、愚鈍無才の僧侶をえらび、武事専門の衆徒にした」とある。ところが、良源は僧侶の武装を禁じる「二十六箇条起請《きしょう》」（970）を書いたことが確かなので、僧兵を創設したとは考えにくい。

いずれにしろここからわかることは、良源がわざわざ武装を禁じているので、反対にいえばこの頃、僧兵がいたということである。こうしたことから、僧兵の出現は10世紀頃と考えられている。ちょうど武士が発生した時期とも重なる。

東国などの地方では武士団が発生し、武士団が発達しなかった中央では、大寺院に僧兵が発生したということになる。

●寺院内の争いで破壊・乱闘が頻発

では、僧兵はなにと戦っていたのか？　大きく2つある。

1つは、**寺の発展を妨害する政治勢力**である。天皇や貴族など、寺の経営を邪魔するような政治勢力には、容赦なく武力をもって対抗した。

たとえば1092年、白河上皇の重臣である左少弁《さしょうべん》藤原為房《ためふさ》と近臣の宮内少輔《くないしょうゆう》藤原仲実《なかざね》らの下人が、延暦寺の守護神をまつる日吉社《ひえ》の者に乱暴をふるった。これに怒った延暦寺の大衆は武力で圧力をかけ、為房と仲実を流罪に追い込んだ。またその翌年には、白河上皇の近臣だった近江守高階《おうみのかみたかしな》為家《のためいえ》が興福寺と関係の深い春日社の者に乱暴をしたことから、興福寺の僧兵1000人に加え、南都七大寺（奈良を中心にある7つの大寺院）の僧の代表が京都の上皇に圧力をかけ、為家は流罪となった。

もう1つは、**同じ寺のなかの敵対勢力や、ライバルの寺**である。

たとえば、延暦寺内部では、円仁《えんにん》（慈覚《じかく》）と円珍《えんちん》（智証《ちしょう》）の門徒の争いが9世紀からつづいていた。989年、円珍系の余慶《よけい》が天台座主に任命されたとき、円仁系の門徒が反発し、993年には両派がぶつかりあう激しい合戦となった。円珍門徒が山をおりて園城寺《おんじょうじ》（三井寺《みついでら》）にうつったことで合戦はおさまったが、それから数百年にわたって山門《さんもん》（延暦寺）と寺門《じもん》（園城寺）にわかれての激しい抗争となり、破壊や乱闘が頻発した。朝廷が仲裁しようと寺門から天台座主を任命しようとしても、山門の大衆はそれを伝える勅使さえ追い返した。1081年には、園城寺が焼きつくされたのに対し、延暦寺も焼かれて大きな損傷をうけている。この「山門寺門の抗争」は14世紀前半までつづいた。

派閥間の対立ではなく、師弟間の対立もある。

1093年には、天台座主・良真に反発した比叡山の大衆数千人が蜂起し、良真の房舎を破壊している。良真も数百の兵を集めて反撃し、両者のあいだで激しい戦いとなった。結局、良真が辞職することで戦いはおさまっている。同じような事例は興福寺でも起きていて、1139年、隆覚《りゅうかく》が別当《べっとう》（長官）になることを認めない大衆が、別当の住房《じゅうぼう》を襲って放火。隆覚は兵を集めて反撃したが、敗戦し、別当をやめさせられている。

ライバルの寺どうしの戦いといえば、**興福寺と延暦寺の抗争**がもっとも激しかった。延暦寺の末寺である多武峰《とうのみね》（妙楽寺《みょうらくじ》）が興福寺の勢力圏の大和にあり、興福寺の末寺である清水寺が延暦寺の勢力圏の京都にあることにより、両寺院は潜在的な争いの種をかかえていた。1113年、清水寺の別当に延暦寺系の円勢《えんせい》がついたとき、当然のように興福寺が反発。僧兵どうしの激しい乱闘が起き、円勢は別当就任を断念している。

●金欲しさに関所を襲撃

これほど僧兵たちの戦いがつづくと、寺は発展するどころか、荒廃がすすんだ。

14世紀前期、比叡山で崇敬をあつめた恵鎮《えちん》（円観《えんかん》）の晩年の回顧録（『五代国師自記』）によると、彼が15歳ではじめて比叡山に登った頃、僧たちには学問にはげむ様子はなく、ただただ武芸にはげんでいたという。**学問ばかりしている僧は、けなされるありさまだった。**

また恐ろしいのは、この頃、戦いを専門とする「衆徒《しゅと》」と、学業にたずさわる「学侶《がくりょ》」の分業制がしかれていたことだ。このことは、興福寺が1348年に武家へ提出した「興福寺軌式《きしき》」にはっきり記されている。寺のなかに軍事部門が明確にできたことになる。

僧兵の戦術もますます過激化した。

放火は日常茶飯事で、1297年、延暦寺内で起きた武力対決のときには、大講堂や文殊楼《もんじゅろう》、五仏院などが燃やされ、比叡山の中心部一帯が焼失している。

重要な堂舎や社殿にたてこもる「**閉籠**《へいろう》」という戦術も生まれた。要求を通すために閉籠し、要求が通らなければ堂舎とともに焼死するとおどす。閉籠すれば要求がのまれる可能性が高いので、閉籠が多発した。閉籠衆たちは、目の部分だけに穴をあけた覆面をして、不気味な声でわざと異様な雰囲気を演出し、敵を脅したという。

なんとも情けないのは、**ただ喧嘩したいだけで武士や寺どうしの抗争に加わったり、武力を利用**

して金品を巻き上げる悪僧があらわれたことだろう。

瀬戸内海路の終点に兵庫関がある。ここは大量の関銭《せきせん》が徴収されるところで、東大寺の財源になっていた。1315年、90名以上の集団が兵庫関を襲撃する事件が発生した。犯人は、なんと延暦寺の僧だった。そのなかには延暦寺の大宮に閉籠して指名手配をうけている者もいた。延暦寺の悪僧たちは、各地の悪党を集めて関所強盗におよぶというとんでもない犯罪を犯していたのである。同じく琵琶湖岸の港でも、延暦寺の悪僧たちが旅人から通行料をまきあげるという蛮行におよんでいる。

こうした悪僧たちの暴力や犯罪は、大寺院の宗教的権威を失墜させたといっていい。戦国時代になると、寺院と結びつく大名もいたが、戦略的に邪魔になれば、とりつぶしにかかる大名もいた。その象徴的な例が、1571年の織田信長による比叡山焼き討ちである（p150参照）。

戦国時代に衰退した寺院は、豊臣政権や江戸幕府のもとで再建されていくことになるが、もちろんそのときには僧兵の存在は認められなかった。

23 危険思想の持ち主として警戒 念仏批判で数々の法難に襲われた日蓮

●念仏宗を批判して反発をうける

仏教に対する弾圧事件のことを「法難《ほうなん》」というが、**その生涯のほとんどを法難との戦いについやした僧侶**がいる。それが**日蓮《にちれん》**である。

では、なぜ日蓮はそれほど多くの法難にあったのか？

日蓮が活躍した鎌倉時代後期、念仏の修行に専心する「専修《せんじゅ》念仏宗」＝浄土宗が隆盛を極めた。念仏だけ唱えていれば浄土に往生できるという教えはこれ以上ないほどわかりやすく、貴族や武士だけでなく、庶民のあいだに急速に広まった。これに対し日蓮は、『法華経』が最高の真理と考え、**『法華経』にもとづかないこの念仏宗を真っ向から否定**した。それによって念仏信仰者から強い反発を招いたのである。

では、日蓮はどんな法難にあったのか、順番にみてみよう。

日蓮は、1222年、安房国長狭郡《あわのくにながさぐん》東条郷片海《かたうみ》（千葉県鴨川市小湊）の漁師の家に生まれた。

16歳のときに出家し、地元の天台宗・清澄寺《せいちょうじ》で修行したのち、鎌倉で浄土宗を学んだり、天台宗の総本山・比叡山延暦寺などをめぐって各宗派を学んだ。

数々の法難に見舞われた日蓮（葛飾北斎「七面大明神応現図」部分／妙光寺所蔵）

あらゆる仏教を学んだ日蓮が最終的にたどりついたのが『法華経』だった。個人的な師をもたなかった日蓮は、膨大な経典を読みあさり、そのなかで『法華経』こそ真の教えだと結論づけたのである。『法華経』は、仏教を信じない者や教えに敵対した者でも、すべての人に成仏できる可能性があるという教えだった。
清澄寺に戻った日蓮は、さっそく『法華経』の教えを説き、念仏を批判するが、寺の僧侶たちにはなかなか受けいられず、しだいに孤立していった。そんななか、清澄寺を含むこの一帯の領主と、熱心な念仏信仰者だった地頭の東条景信《かげのぶ》の対立が激化した。日蓮は清澄寺を代表して景信との裁判闘争にのぞみ、勝利した。

しかし、景信が復讐することは確実で、寺にとどまることは危険だった。日蓮は清澄寺を去ることにした。

●草庵が襲撃された松葉ヶ谷法難

日蓮は鎌倉に向かった。松葉ヶ谷《まつばがやつ》に草庵を結び、ここを拠点に布教を行い、徐々に教団を形成していった。

1260年、『立正安国論《りっしょうあんこくろん》』を書き、鎌倉幕府の前執権であり、最高権力者である北条時頼《ときより》に提出した。その内容は、「念仏宗のために正しい仏法が説かれなくなり、それまで日本を守っていた善神が離れてしまったので、災害や飢饉が起きている。これを防ぐには、正しい仏法をないがしろにする念仏宗の者たちを取り締まるしかない」というものだった。

しかし、日蓮の訴えは完全に無視された。日蓮にとって不運だったのは、『立正安国論』の内容が鎌倉の念仏信徒にもれたことだろう。頭越しに権力者に念仏停止を求めた日蓮の行動は凄まじい怒りをかった。

念仏者たちとの討論の場にひきずりだされ、新善光寺の道阿道教《どうあどうきょう》や長安寺の能安《のうあん》と対決した。すると日蓮は、念仏者たちをことごとく論破してしまった。

怒りがおさまらない念仏者たちは、幕府を動かして日蓮を排除しようとするが、幕府も宗派間争いに不要に立ち入ろうとはしない。すると念仏者たちは武力行使を選択し、日蓮の草庵を襲撃した。日蓮は裏山に逃げて、難は逃れたが、あやうく草庵もろとも焼き殺されるところだった。この事件を「松葉ヶ谷法難」という。

日蓮はこりずに布教を再開した。しかし、これ以上の混乱をさけたい幕府は、日蓮をとらえて伊豆へ流罪にした。

1263年、流罪がゆるされた日蓮は、その翌年、病気の母を見舞うために故郷に戻った。慎重に行動していたが、日蓮帰郷のニュースは瞬《また》く間《ま》に広まった。

かつての恨みを忘れていなかった景信は数百人の手下を差し向けた。そのとき、東条の松原を歩いていた日蓮一行は10人ほどで、たちまち1人が討ち取られ、2名が負傷した。日蓮は左手を打ち折られ、眉間を斬られたが、かろうじて逃げのびた。この事件を「小松原法難」という。

ちなみに、池上本門寺祖師堂《いけがみほんもんじそしどう》の日蓮聖人木造などには、このときにおった眉間の傷が刻まれている。

●奇跡が起きた龍口法難、教団は壊滅

日蓮は『立正安国論』で「**他国侵逼難**《しんぴつなん》」（＝外国の侵略）を予言していた。これがなんと、的中する。

1268年、モンゴル帝国（元朝）の皇帝フビライ・ハーンから幕府に国書が届いた。それはモンゴルへの服属を要求する内容だった。幕府と朝廷はこれを黙殺する方針を決めたのだが、モンゴ

ル軍が軍事侵攻してくることは明らかだった。

国書の内容を知った日蓮は、自分の予言の正しさを認めさせるチャンスだと思い、新しい執権となった北条時宗に書簡を送った。ところが、こんども黙殺されてしまう。

そんななか、1271年、深刻な干ばつが東国を襲った。多くの僧侶が雨乞いの祈祷を行うが効果がない。そこで幕府は、真言律宗の高名な僧である極楽寺の良寛忍性《りょうかんにんしょう》に雨乞いの祈祷を命じた。日蓮からみると、忍性は権力を背景に強引に社会事業を行う偽善者でしかなく、攻撃する機会をうかがっていた相手だ。

忍性は極楽寺で大掛かりな祈祷を合計14日間行ったが、雨は一滴も降らなかった。日蓮はこの結果をうけて、雨乞いの失敗は忍性の仏法が間違っていたからだと批判。彼が祈祷をつづければ日本は滅びると公言した。

すると念仏者が動きだし、「日蓮は社会に混乱を引き起こす悪僧だ」として告発。また、鎌倉在住の日蓮門徒にさまざまな圧力を加えた。

幕府から査問の場にひきずりだされた日蓮は、「極楽寺などを焼き払え、忍性の首をはねよ」と主張したことを

日本への侵攻を命じたフビライ・ハーン。日蓮は『立正安国論』で外国の侵略を予言していた

否定せず、この時点でほぼ有罪は確定した。

査問の2日後、日蓮を個人的に憎んでいた侍所所司《さむらいどころしょし》の平頼綱《たいらのよりつな》が指揮する武装兵が草庵を襲ってきて、日蓮は逮捕された。このとき、頼綱の配下の少輔房という人物が、日蓮の懐から『法華経』の巻物をとりだし、その顔面を激しくなんども殴ったという。奇しくもそれは、「勧持品《かんじほん》」が収められた巻で、仏滅後に『法華経』を広めるものに対する迫害弾圧があることを予言する語句があったという。

日蓮は鎌倉の市中を乱暴に引き回されたあげく、藤沢龍口《たつのくち》に降ろされた。そこは、罪人の処刑の場として使われた地だった。佐渡流罪が宣告されていたが、ここで斬首されることはまちがいなかった。

首の座にすえられた日蓮は、題目を唱えはじめた。午前2時をまわり、首斬り役人が刀をぬき、いよいよ振り落とそうとしたとき、突然、江ノ島の上空に月のような光る物体があらわれ、あたりを強烈に照らした。首斬り役人は目がくらんでうろたえ、処刑は中止された。日蓮は奇跡的に死を逃れたのである。これを「龍口法難」という。

一方、日蓮の逮捕にあわせて鎌倉の市中では日蓮教団に対する激しい弾圧が行われ、門徒たちは土牢に押し込められたり、流罪に処せられた。鎌倉では放火や殺人があいつぎ、それも弾圧に反発する日蓮の弟子たちの仕業だと訴えられたので、教団の立場は危うくなった。日蓮は、これは念仏者たちがしくんだものだと述べている。この大弾圧によって、鎌倉の日蓮教団は事実上壊滅するのである。

同年10月、流罪の地である佐渡へわたると、寒さと飢えとの戦いが待っていた。しかも周囲は日蓮を敵視する念仏者ばかり。日蓮殺害を目論む者もいた。そんななかでは食料調達もままならず、「餓鬼道」の苦しみを味わうのである。

日蓮はこの時代に『開目抄《かいもくしょう》』や『観心本尊抄《かんじんほんぞんしょう》』など重要な書をまとめているが、厳しい流罪生活は「佐渡法難」とよんでもよいものだった。

過剰に表現されている可能性は否めないが、生涯でここまで苦難にあうのも珍しい。それだけ日蓮という人物は自分の信念に一途だったのだろう。

24 悪鬼と化した織田信長 仏教徒へのジェノサイドを敢行

●仏教団体の軍事力を排除

国家的保護をうけて発展してきた日本の仏教だが、全国規模の激しい弾圧にさらされたことが２度ある。はじめは戦国武将による仏教弾圧。２度目は明治時代に起きた廃仏毀釈である（p169参照）。ここでは戦国時代、とくに激しい弾圧を加えた織田信長の事例をみてみよう。

信長が弾圧を加えた仏教勢力には、おもに真宗本願寺教団や比叡山延暦寺がある。信長はなぜこうした仏教団体を弾圧したのか？

信長といえば、古いものを否定し、新しいものを取り入れたイメージがある。だから「仏教という古い宗教的権威を排除し、かわりにヨーロッパから流入してきたキリスト教を保護した」といわれるが、実際にはもっと現実的な理由があった。

キリスト教の保護については、イエズス会と結びついて布教を認めることで、かわりに武器・弾薬など軍事的援助をえることができるほか、南蛮貿易によって莫大な利益をえることができる。信長はこうした現実的なメリットをみていた。

仏教弾圧は、このキリスト教の保護とは関係なく、別の文脈で考えたほうがいい。信長は、仏教そのものを否定したわけではなく、**あくまでも天下統一にむけて抵抗勢力となった仏教団体を排除した**までである。本願寺（p158参照）にしても延暦寺（p136参照）にしても、たんなる宗教団体ではなく、ともに強力な軍事力をほこっていた。信長はこうした「軍事力」を排除する必要があったのだ。ただそのときの手段は容赦なく、無慈悲である。悪鬼のごときすさまじい仏教徒への弾圧となって、後世まで語りつがれることになるのである。

敵対する仏教勢力には容赦しなかった織田信長

●一向宗への徹底した殲滅作戦

まずは真宗本願寺教団に対する弾圧をみてみよう。

真宗本願寺は、鎌倉時代に親鸞《しんらん》が開いた浄土真宗

（一向宗《いっこうしゅう》）の派閥のうちのひとつ。本山は大坂にあった。第8代本願寺住持・蓮如《れんにょ》の頃から勢力を拡大し、とくに加賀では本願寺門徒が加賀一国を支配するまでになった。宗教団体が国をまるごと制圧したのである。これが加賀一向一揆である。北陸地方や畿内、東海地方でも本願寺門徒は活発に活動し、本願寺教団は戦国大名にも匹敵する一大勢力となっていた。

1568年、織田信長は足利義昭《あしかがよしあき》を奉じて京都に入り、政権を樹立した。大坂の本願寺は、友好関係にあった三好《みよし》三人衆（三好政権を支えた3人の家臣）が信長によって京都から追放されたことから、1570年、信長・義昭の軍勢に攻撃をしかけた。本願寺は各地の門徒にも蜂起するよう指示し、また諸大名とも連携して信長包囲網をきずいた。戦いは、1580年に天皇の和睦勧告をうけいれるまで断続的につづけた。この一連の戦いを「石山合戦《いしやまかっせん》」とよぶ。

信長としては、京都の政権を安定させるために本願寺と戦わざるをえなくなったのだが、本願寺の各地の一揆衆の軍事力はなかなかのもので、かなり苦戦をしいられている。それを強引にねじふせようとして、ときに信じられないような殺戮《さつりく》をくりひろげている。

たとえば、伊勢国の**長島一向一揆との戦い**がある。

1574年7月、3度目の長島侵攻となった信長軍は、篠橋・大鳥居・屋長島・中江・長島の5つの城に立てこもった一揆勢をそれぞれ包囲した。

すると最初に篠橋・大鳥居の2つの城を大砲によって攻撃。どちらの城も降参を申し出たが、信

伊勢長島の一向一揆を描いた錦絵。『信長公記』には信長が一揆勢だけでなく、老若男女を虐殺したという記録が残っている（歌川芳員「太平記長嶋合戦」部分）

長はこれをゆるさず、兵糧攻めでおいつめた。降参もゆるさないわけだから、城のなかの者は死をまつだけ。大勢の餓死者であふれ、たまらず身投げする者もあらわれた。このうち大鳥居の一揆勢は、嵐にまぎれて城外脱出を試みたが、信長軍はすぐさま捕らえて、男女1000人ほどを斬り捨てた。篠橋の一揆勢は、織田方につくと申し出たので助命された。

9月末、長島の一揆勢は降参を申し出ると、退城がゆるされた。それまでに**すでに過半数が餓死していた**という。一揆勢は城からでると、たくさんの舟にのって退去した。ところが信長軍は鉄砲を構えて包囲し、一斉射撃によって次々に処刑した。銃弾を逃れた者も、川で切り捨てられた。このだまし討ちに怒った一揆勢は、裸に刀だけで応戦し、信長一族の多くを斬りつけた。包囲網を突破した者は逃げていったという。

残りの中江・屋長島は残酷を極めた。非戦闘員の住民も含めた男女2万ばかりが籠城していたが、長島での失態に腹をたてた信長は、どうやっても逃げられないように何重にも柵をめぐらしたうえで、火を放って一人残らず全員を焼き殺した。むごたらしい大量虐殺が起きたのである。こうして長島の一揆衆は壊滅した。

この長島一向一揆とならんで、残忍な殲滅《せんめつ》作戦がとられたのが、**越前一向一揆に対する戦い**である。

1574年、信長は越前の宗教諸派に味方になるよう働きかけ、その多くと手を結ぶことに成功したが、本願寺派は反発したままだった。

すると信長軍は次々と拠点を攻略し、あっというまに越前一国を制圧。信長は、山林に逃げた一揆衆を一人残らず討ち取るよう命じた。山狩りに出向いた信長軍は次々に一揆衆を斬り捨て、その数がわかるように鼻を削《そ》いで持参した。残忍な手段だが、鼻削ぎや耳削ぎは、中世の戦闘ではよくみられたもので、信長特有のものではない。

また、200人以上を生け捕りにしたが、ことごとく処刑にした。**一揆衆の生存はゆるされない徹底した殲滅作戦が敢行されたのである。**

●比叡山で数千人を虐殺

信長によるもう1つの代表的な仏教弾圧に、**比叡山焼き討ち**がある。

比叡山延暦寺は中世を通じて天台宗の本山として宗教的権威を保ってきたが、強力な僧兵をもつことで知られていた。

では信長はなぜ比叡山を襲ったのか？ これも仏教の否定というよりは、いくつかの現実的な理由が考えられる。

1つは、軍事戦略上の理由だ。**比叡山は北陸路と東国路のまじわる場所にある山で、地政学的に重要な拠点**となる。京都を狙ううえで勢力圏に入れる必要があった。

もう1つは、比叡山の反発がある。『信長公記《しんちょうこうき》』によると、焼き討ちの前年、信長は比叡山に、「朝倉《あさくら》氏・浅井《あざい》氏との戦いにおいて、信長に味方すれば分国中の山門領をもとのとおり返還する。それができないなら中立を守ってほしい。朝倉氏・浅井氏に味方するなら、根本中堂《こんぽんちゅうどう》以下を焼き払う」と忠告した。しかし比叡山は回答をせず、朝倉氏・浅井氏について武力で反抗した。だから信長は忠告通りに焼き討ちをしたのである。

また同書には、比叡山の僧侶たちが、仏道修行や出家の作法に背いて、淫乱な行いや肉食を行っていることを批判している。比叡山の僧侶は仏教者に値しないから制裁を加えた、ということだ。信長は仏道を否定していない。むしろ仏道に背いたのは比叡山の僧侶だった。比叡山焼き討ちは、仏教を守るための行為だったとさえいえるのだ。

焼き討ちは、1571年9月に決行された。3万の信長軍は、夜中のうちに比叡山東麓に配置された。これを知った延暦寺は金を用意して攻撃をやめるよう嘆願したが、信長は使者を追い払った。

翌朝、信長は総攻撃をしかけ、僧侶や上人はもちろん、山上に逃げていた児童も含めた住民まで虐殺した。高僧のなかには、「悪い僧を討つのはかまわないが、私のことは助けてくれ」と命乞いした者もいたというが、有無をいわさず首をはねた。その犠牲者の数は数千人にのぼったという。比叡山の山麓は屍《しかばね》であふれ、地獄と化した。

ちなみに、従来の説では、根本中堂をはじめ山王二十一社、霊社、僧房などがことごとく焼き払われたとされていた。しかし、近年の発掘調査から、信長が焼き払ったのは、延暦寺の麓の諸堂が集まる門前町坂本だったと考えられるようになっている。その時代、比叡山の山上にはほとんど建物が残っていなかったのである。

比叡山焼き討ちの規模は従来のイメージより小さなものだったかもしれないが、古来の強大な宗教権威を破壊したインパクトは絶大だった。

1582年、信長は武田軍討伐のさい、恵林寺《えりんじ》を焼き討ちにしている。このとき武田信玄の師であり、天皇から国師号《こくしごう》をさずけられた高僧・快川和尚《かいせんおしょう》らを焼き殺している。国師号をさずけられた僧を焼き殺すということは**天皇の権威を否定した**ことになる。信長にしてみれば僧を殺すことなどたわいもないことだったろうが、これが反信長勢力に火をつけ、本能寺の変につながったともいわれている。信長の天皇軽視の姿勢におののいた公家の実力者・近衛前久《このえさきひさ》が、明智光秀を使って信長謀殺計画を企てたという説がある。信長は仏教弾圧のしっぺ返しをくらったわけだ。

25 大弾圧を受けながらも秘かに信仰 浄土真宗を信じる隠れ信者たちの生涯

●弾圧から生まれた仏教信仰

江戸時代、徳川幕府はキリスト教を禁止したが、弾圧をうけながらも信仰を捨てなかった「隠れキリシタン」のことはよく知られている。しかし、仏教の「**隠れ念仏**」や「**隠し念仏**」のことはあまり知られていない。

この時代、藩によっては「一向宗《いっこうしゅう》」などとよばれた浄土真宗を禁止していた。しかし、弾圧をうけながらも隠れて信仰を守る「隠れ念仏」や「隠し念仏」があった。同じような名称ながら、「隠れ念仏」と「隠し念仏」は地域も信仰内容も違う。また、「隠れ念仏」から派生した「**カヤカベ教**」というものもある。それぞれどのような信仰だったのか？

薩摩藩藩主・島津義弘。浄土真宗を禁じ、逆らう者には容赦しなかった（尚古集成館所蔵）

●壮絶な拷問をうけた「隠れ念仏」

まず「隠れ念仏」だが、これは九州南部の薩摩藩を中心に生まれた。

薩摩藩では1597年、17代藩主・島津義弘《しまづよしひろ》のときに浄土真宗を禁止にしている。理由は定かではないが、考えられる理由は、「**浄土真宗（一向宗）に対する恐怖**」がある。この時代、加賀や越中、越前で起きた一向一揆など、真宗の信徒による一揆の破壊力は各地の藩主たちをふるえあがらせていた。また、真宗の信徒たちは、本山である京都の本願寺に大量の物資を布施として送っていたので、それが藩の財政を悪化させるとして禁止したとも考えられる。

真宗が禁止されても信徒たちは信仰を隠して守ろうとした。彼らが強みとしたのは、「**講**《こう》」という集団組織をもとにした独自のネットワークである。講は各地に次々に生まれ、講と講はそれぞれつながり、強大な地下組織をつねに増殖させていたのだ。

講の信徒たちは、洞穴に隠れて法座を開いた。いわゆる「隠れ念仏洞」とよばれるもので、いまでも鹿児島県の各地に残っている。

しかし、隠れ通すことは難しい。**薩摩藩は領内の真宗の信徒を見つけだしては根絶やしにしよう**

と、すさまじい弾圧を加えた。「念仏をすてれば、命は助けてやる」と、拷問によって転向を迫ったのだ。

拷問のひとつに、「石抱き」があった。三角の割木をならべたうえに信者を正座させ、重さ30キロの平たい石を、膝のうえに次々と積み重ねる。５枚にもなると、足の骨は粉々になった。信者たちの苦悶の涙が染み込んだ「涙石《なみだいし》」は、いまも本願寺鹿児島別院に伝わる。

また「縄責め」といって、塩水に浸した縄で両手を柱にくくりつけた。時間がたつにつれて縄が乾いて手にくいこみ、塩が傷口にしみこんで恐ろしい苦痛をあたえた。

足首ではなく、足の親指をくくって逆さ吊りにする拷問もあった。

関之尾《せきのお》という滝では、信者を投げ入れ、うかびあがってきた者をまた竹竿でつついて沈め、最後には溺死させた。

こうした苛烈な拷問の果てに、多くの信徒が命をおとした。

抵抗運動を起こすこともできたはずである。しかし、薩摩藩では真宗の一揆は起きていない。そのかわり、「逃散《ちょうさん》」という方法がとられている。逃散とは、土地を捨てて脱走することだ。封建時代には、無断で土地を捨てることは厳罰をもって処せられたので、これも命がけの行為だった。

脱走するといっても、個人や家族単位ではない。村ごと脱走するということが起きている。もっとも大規模なものでは、１７９８年に２８００人もの大群衆が隣の飫肥《おび》藩へ逃げ込んだ例がある。

そのほとんどが真宗の信徒だったというから、やはり真宗禁制を原因とする逃散と考えられる。

こうした手段をとりながら、彼らは300年にわたって信仰を守りつづけた。しかも、本願寺とのつながりはもちつづけ、ひそかに志納金を送りつづけた。そして明治時代になって真宗禁制がとけたとき、彼らは晴れて堂々と念仏ができるようになったのである。

●壁に仏像を隠した「カヤカベ教」

「隠れ念仏」から派生して生まれたグループに、もっと謎めいたものがある。高千穂《たかちほ》の峰の山麓、霧島神宮《きりしまじんぐう》の周辺の村に伝わる「カヤカベ教」だ。

カヤカベ教は、「隠れ念仏」の一派ではあるが、「隠れ」の信仰をつづけるうちに、**山麓の限定された地域に土着**して、神仏習合という独自形態をとるようになった。信徒たちは講をつくって、毎年一回、霧島神宮に参拝にやってくる。形のうえでは神道儀礼を行うのだが、そこには阿弥陀如来への信仰が隠されていた。このように霧島神宮に参るのみで、お寺とのつながりはない。

カヤカベというのは、茅葺《かやぶき》の「茅」と「壁」をあわせた言葉だという。茅葺の家の壁のなかに阿弥陀如来をしまって、それにむかって礼拝することから生まれた名前だ。しかし、土壁が禁止されたので、板の壁になったという。

カヤカベ教の信者は、表面的には神道の信者をよそおっているので、なかなか信仰の実体はつかみにくい。カヤカベ教の信仰が今日まで継承されているのは、それだけ「隠れ」を徹底しているからともいえる。

ただ、本山の本願寺とのつながりはないことから、異端中の異端といえる存在だ。

高千穂にある真名井の滝。高千穂は厳しい自然に囲まれており、霧島神宮周辺の村には、カヤカベ教と呼ばれる信仰を守る人々もいた

●善鸞由来の秘密の教えを守る「隠し念仏」

「隠し念仏」は、東北の岩手を中心に青森、宮城、福島の一部まで広がっていたといわれる。

「隠し念仏」のルーツはよくわかっていないが、一説には、浄土真宗の祖である親鸞《しんらん》の息子・善鸞《ぜんらん》が、父の教えと関東の民間信仰を結びつけて生まれた秘密の教えが伝わったものとされる。それは、「善知識《ぜんちしき》」と称する指導者が、弟子に極楽行きの切符をあたえるという教えらしい。親鸞は善鸞を義絶しているので、善鸞の教えは出鱈目《でたらめ》だった可能性がある。

ほかの説としては、親鸞や蓮如《れんにょ》の流れからひそかに伝授された真実の教えである「内法《ないほう》」（または「御内法」）が、京都の鍵屋という家の人々から東北に伝わったともいわれる。

また「隠し念仏」は、真言密教から即身成仏の思想の影響もうけたとみられる。

いずれにしろ、「隠し念仏」の信仰は外部には固く秘密にされた。完全に在家の信仰で寺にも属さないので、実体がまったくわからない。それだけに、**はたから見ると謀議をはかっているとみなされ、藩から激しい弾圧をうけた**。

多くの信者が逮捕・追放などの処分をうけた。すると信者たちはより深く潜伏し、秘密結社的な色彩を強めていった。

本願寺とのつながりはない。明治時代に真宗禁制がとけても、「隠し」つづけた。信仰は脈々とうけつがれ、昭和になって「邪教」として警察の介入をうけたこともある。そして、いまもなお「隠し念仏」は地下に潜伏しながらうけつがれているのだ。

「隠し念仏」、それに「カヤカベ教」は、禁制があるかないかは関係なく、もはや「隠す」こと自体が信仰の重要なアイデンティティとなっているかのようだ。

26 いっしょに浄土へ往くために江戸時代に大流行した男女の心中

●心中した男女の遺体は取り捨てに

江戸時代中期の1722年、一風変わった禁令がでた。**心中《しんじゅう》を取り締まる禁令**である。

それによると、心中した者は葬儀・埋葬をしてはならない。その遺骸は取り捨てにする。一方が生き残った場合は殺人犯として死罪にする。2人とも生き残った場合は3日間の晒《さら》し刑に処したあと、士農工商から外れる身分に落とされ、非人（賤民身分）の手下にする。

このような厳しい処分によって心中が取り締まられた。

また、それまで「心中」とよんでいたものは、今後は「相対死《あいたいじに》」とよぶことが定められている。「心中」が「忠」の漢字に通じるからだ。

この心中取締り令によって混乱が起きたのは墓所である。墓所には心中した男女の遺体が次々とかつぎこまれ、葬儀も埋葬もできないので、そのまま放置され、積み重ねられていった。

じつをいうと、中世までは、死んだ人の遺体は河原や浜、道路わきの溝などに捨てられていた。死は穢《けが》れとして、忌み嫌われていたからだ。穢れに関わるからと、僧侶が葬式に従事することもなかった。

それが鎌倉仏教者たちから葬式に従事するようになり、葬式仏教が成立した。寺院の近くに墓地がつくられ、石造の墓がたてられ、その下に遺骨が納められた。

心中した者はそうした葬式仏教の対象から外され、中世の死体のように捨てられたのだ。

それではなぜ、この時代、心中取締り令がでたのだろうか？

●浄土への道を描いた『曽根崎心中』

江戸時代、基本的には恋愛結婚というものがなかった。男も女も、親や縁者が決めた相手と結婚させられた。だから、本当に愛する異性との恋愛は隠れてするしかなかったのだが、それはいつまでたっても実ることのない悲恋である。**この世で結ばれないのであれば、あの世で結ばれよう。**心中を選ぶしかない、となる。

そんな恋愛に悩む男女を刺激したのが、近松門左衛門の浄瑠璃《じょうるり》『**曽根崎心中**《そねざきしんじゅう》』だった。『曽根崎心中』は、1703年5月、大坂・道頓堀《どうとんぼり》の竹本座《たけもとざ》で上演された。
『曽根崎心中』のあらすじはこうだ。
「大坂の曽根崎に、醤油屋に勤める徳兵衛と天満屋に身をおく遊女・お初という恋人同士がいた。
2人は将来結婚しようと誓い合っていたが、醤油屋の主人は徳兵衛と姪の結婚話を進め、徳兵衛の継母に大金をわたして話をつけてしまった。

『曽根崎心中』の記念碑

お初との結婚しか考えていない徳兵衛は、継母から大金を取り戻すが、その帰り道、親友の九平次に金を貸してほしいと懇願され、断りきれず、主人に返すはずの大金を貸してしまう。

約束の日をすぎても九平次は金を返さないばかりか、徳兵衛が店の金を使い込んだと町中に言い広めた。徳兵衛の信用は失われ、主人に合わせる顔もなくなった。

どうせ生きて結ばれることがないのなら、天国で夫婦になろう、というお初の言葉に、徳兵衛は心中を決心する。

店を抜け出した2人は、もつれるようにして曽根崎の森にわけいる。相生《あいおい》の木に身体をしっかりと結ぶと、徳兵衛が脇《わき》差《ざし》をとってお初の喉笛をつき、自分も剃刀を喉に突き立てて果てた」

近松は、最後の場面を「未来成仏、疑ひなき、恋の手本となりにけり」と書いている。**恋の心中は浄土へつながるもので、２人はあの世で結ばれるとした**のである。

じつはこの『曽根崎心中』は、実際の事件がベースになっている。

１７０３年４月、大坂梅田の曽根崎天神の森で心中が起きた。男は醤油屋で働く徳兵衛で、女は天満屋抱えの遊女・おはつ。徳兵衛はおはつに通いつめていたが、醤油屋の主人の養女と縁組みさせられ、おはつも客に身請けされることになった。同じ思いの２人は心中した。

『曽根崎心中』が上演されたのは、この事件からわずか１か月後のことである。近松の瞬発力には驚かされる。

心中事件から間もなく上演された『曽根崎心中』は大ヒットし、世間の心中への関心が一気に高まった。そして実際に心中事件が連続的にひきおこされた。

近松は、１７２０年にもふたたび実際の心中事件を題材に浄瑠璃『心中天網島《しんじゅうてんのあみじま》』を上演し、心中ブームをあおりたてた。

「死んで浄土で結ばれる」という近松の解釈は心中をこのうえなく美化し、若い男女を盲目的に死に急がせたのである。

●道頓堀墓所が大混乱に

心中ブームに待ったをかけようとしたのが、8代将軍・徳川吉宗である。吉宗は心中の蔓延により退廃的な風潮になった世の中を正すため、冒頭に示した心中取締り令を1722年に定めた。法令はその翌年に江戸や大坂の町中に示された。

ところが、心中は減る気配がまったくない。それどころか、墓所には心中した男女の遺体が次々にかつぎこまれるようになった。とくに**大坂の道頓堀墓所には心中者の遺体が多く捨てられた**という。

大坂では、1615年の大坂夏の陣によって豊臣氏が滅んでから、都市の再建が進み、それまで大坂府内に散らばっていた寺院や墓所が統廃合された。そうして徐々に形成されたのが、道頓堀（千日）のほか、鳶田《とびた》（飛田）、小橋《おばせ》、梅田、浜、葭原《よしはら》、蒲生《がもう》の7つの墓所（大坂七墓）である。

このうち道頓堀墓所は最大規模を誇った。ここは花街が近く、活気のある場所で、竹林寺や法善寺が建てられて参詣人が多く訪れた。

道頓堀墓所に葬られたのは無縁仏が多い。刑場が隣接しているからだ。乞食や非人も多く集まる場所なので、病死や行き倒れした者も多かった。幼児の死体もあった。

道頓堀墓所で扱った遺体の数は記録されている。1621年から1699年までのあいだでは年平均で4000体で、1735～1861年のあいだでは年間1万体以上、少ない年でも5000体以上の遺体を葬っている。そのうち1割弱が土葬だ。墓所スペースの限られる大坂では、圧倒的に火葬が多かったのである。

無縁仏のなかには、心中者も多くまぎれこんできた。

しかも、男女の心中者はみせしめのため全裸で捨てられ、それをみるため周辺から多くの人がおしよせ、大混乱となった。石塔がたおれて破壊され、あちこちで怪我人が発生し、激しい喧嘩も起きた。

これでは一般の死者の葬儀を執り行うこともできない。心中取締り令は、墓所の管理に面倒な問題をひきおこしたのである。

それにしても、**心中取締り令の効果はまったくなかった**ようである。禁令から40年以上たった1767年に大田南畝《おおたなんぽ》（蜀山人《しょくさんじん》）が編纂した『談笈抜萃《だんきゅうばっすい》』には、「今年になってから心中の数はおびただしく、数えられないほどである」と記されている。

障害が多いほど恋は燃える。心中ブームは一過性のもので終わらず、時代を通してつづいていったのである。

27 伝統的仏教文化への不満が爆発 明治維新直後に巻き起こった廃仏毀釈

●鹿児島で寺院・僧侶が全滅

明治初期の日本で、仏教文化が徹底的に破壊される「**廃仏毀釈**《はいぶつきしゃく》」というムーブメントが起きている。仏像や仏具、寺院が破壊され、僧侶は弾圧され、俗人に戻ることを強制された。

廃仏毀釈のムーブメントは、およそ1868年から1876年まで全国で繰り広げられ、この間に寺院と僧侶の数は激減した。江戸時代にあったとされる9万の寺院数は、約半分の4万5000にまで減らされた。とくに廃仏毀釈が徹底された鹿児島では、1066あった寺がすべて破壊され、1874年の時点で寺院・僧侶の数はゼロになっている。

日本は1000年以上にわたって仏教国として歩んできたが、なぜこれほど恐ろしい廃仏毀釈が

仏具を焼く神官たち（『開化乃入口』国会図書館所蔵）

徹底して行われたのか？　その背景から探ってみよう。

●大砲のために仏像・仏具が溶かされた

日本の宗教は、神道と仏教が混じりあいながら発展してきた歴史がある。平安時代には、「本地《ほんじ》垂迹《すいじゃく》説《せつ》」という神仏習合思想が生まれ、日本の神々は仏菩薩が化身としてこの世にあらわれた姿だとされた。その結果、神社の神殿で仏像がまつられ、神社に関連する寺院が増えた。

江戸時代になると、寺院の力が増大した。それというのも、幕府の要請で戸籍管理を寺院が担うようになったからだ。すべての日本人は、地元の寺の檀家になることが義務づけられ、いまの戸籍台帳にあたる「宗旨《しゅうし》人別《にんべつ》改帳《あらためちょう》」に登録されることになった。寺院は人の一生に関わり、葬式などをその都度行うことで、経済的に安定した。神社との力関係でも寺院が上回るようになった。

しかし、どこの世界でも立場が安定すると堕落するものである。僧侶は肝心の修行面がおろそかになった。国学者や儒学者などからは厳しい仏教批判が起き、日本固有の神道への回帰や、仏教排斥を訴える声があがった。このような声が廃仏毀釈の基本的な考え方につながっていった。

すでに江戸時代には廃仏毀釈が起きている。先陣を切ったのは**水戸藩**だった。

第2代藩主・徳川光圀《みつくに》は、1666年、廃仏毀釈を行っている。光圀は儒学に傾倒していて、仏教を否定する思想があったと考えられる。ただ光圀が行ったことは、仏教排斥というよりは、あくまでも無秩序に増えすぎた堕落寺院を整理するのが目的だったようである。このとき藩内の2377の寺院は、約半分の1098に減らされている。

それからも堕落した寺院や僧侶が無秩序に増えた。それは全国的な傾向でもあった。するとと水戸藩の第9代藩主・徳川斉昭《なりあき》がふたたび廃仏毀釈を行った。1842年、梵鐘《ぼんしょう》や仏具などを没収し、寺院の破壊や僧侶の削減などを行った。

この政策には裏の狙いもあった。仏像や梵鐘など寺院から金属を提出させ、それによって大砲を鋳造したのである。外国船の接近が繰り返されていたこの時期、大砲の鋳造は国防上重要となっていた。ペリーの黒船が浦賀沖にやってきたときには、鋳造した75門のほとんどが幕府に献上されている。藩に残された唯一の大砲は、現在、日本三名園のひとつである偕楽園《かいらくえん》で見ることができる。

この水戸藩の廃仏毀釈が維新後のモデルとなる。仏像や仏具を武器鋳造や鋳銭、そのほかの用途のために溶かすということが、あちこちで行われるようになったのだ。

●奈良のシカはすき焼きに

明治維新の廃仏毀釈は、新政府の布告によって引き起こされた。それは1868年の3月から10月にかけて断続的にだされた12の布告で、総称して「**神仏分離令**《しんぶつぶんりれい》」とよぶ。

神と仏を切りわけること。神社にまつられていた仏像・仏具などを排斥すること。神社に従事していた僧侶は俗人に戻る。葬式は神葬祭《しんそうさい》に切り替えること。こうしたことを求めた。新政府は、祭政一致《さいせいいっち》で神道による強い国家づくりを推し進めるため、神と仏を分離する方針を打ち出したのである。

新政府は寺院の破壊までは命じていない。ところが、神仏分離が拡大解釈され、廃仏毀釈のムーブメントとして広まっていくのである。

最初に火の手があがったのは、比叡山延暦寺の勢力下にあった**日吉大社**《ひよしたいしゃ》だった。神仏分離令がだされてすぐ、神官たちはそれまで僧侶に虐げられていた恨みをはらすため、武力行動にでた。武装した神官たちは「神威隊」を名乗って、日吉大社に乱入。僧侶を追い出し、まつられていた多くの仏像や重要な経典、仏具などに火を放ったのである。

日吉大社の暴動は、瞬《またた》く間《ま》に全国に伝染し、各地で廃仏毀釈が展開されるようになった。

奈良の興福寺では、堂内に安置してあった仏像を割り裂いて、焚き火にくべられた。そのなかには貴重な千体仏も含まれていた。のちに焼却を逃れた一部の千体仏が見つかったが、両手や足先、台座のない無残な姿だったという。五重塔はほとんどタダ同然で売り払われ、あやうく焼却されそうになったが、住民の反発でかろうじて難を逃れた。

「奈良のシカ」も絶滅の危機に瀕した。興福寺周辺ではシカが「仏の使い」として手厚く保護されてきていたが、廃仏毀釈によって興福寺が衰退すると、シカを保護する機運が失われた。奈良県令の四条隆平《しじょうたかとし》はシカ狩りを命じ、なんと、シカをすき焼きにして食べたという。

京都府知事の槇村正直。神社から仏教色を払拭することを推進した

一方の京都では、府知事の槇村正直《まきむらまさなお》が、徹底的な廃仏毀釈を推進した。槇村は長州人で京都人でないだけに、京都の伝統を壊すことにまったく躊躇《ちゅうちょ》がなかった。

たとえば、北野天満宮の名称は「北野神社」と改称され、境内の寺院建築物は破壊された。二層からなる多宝塔は解体され、その部材は売却された。祇園感神院《かんしんいん》は神仏習合していたが、現在の「八坂神社」に改められた。薬師如来像や十一面観音立像などは大蓮寺《だいれんじ》にうつされ、同時に社僧8人が俗人にもどされた。また、1874年に京都最初の鉄橋である四条大橋が架設され、新しいシンボルのひとつとなったが、その部材には日蓮宗宝塔寺など各寺から提供された貴重な仏具などが使われていたのである。

●清水寺は土地の9割を没収

明治新政府が繰り出した政策は、神仏分離令にとどまらない。

1872年には、「**肉食妻帯勝手なるべし**」という布告をだしている。「僧侶が肉を食べる、妻をめとる、髪を生やす」ことは江戸幕府では禁じられていたが、これを許可したのである。一見すると、僧侶にやさしい措置のように思えるが、これも神仏分離の一環だった。つまり、**僧侶に戒律を犯させることで世俗化させ、仏教の弱体化をはかった**のだ。

実際、仏教に対する求心力は低下し、この頃から仏教といえば葬式のときにだけ世話になる葬式仏教化が進んだ。現代の日本の仏教のベースはこのときにできているのだ。

また新政府は、1871年と1875年の2度にわたって「**上知令**《あげちれい》」をだしている。上知令とは、寺院の土地の召し上げである。寺院のなかには市街地の中心部に広大な境内をもつものが少なくなかったが、そんな境内の領域を没収したのだ。

上知令の被害が大きかったのが、京都である。**上知によって各寺社領は数分の1にまで減ら**

された。たとえば、有名な清水寺は15万6463坪から1万3887坪に減らされ、高台寺は9万5047坪から1万5515坪に減らされた。

京都中心地には、かつては多数の寺院が南北に連なっていたが、上知令によりそれらの寺社領がことごとく召し上げられた。それによってできたのが、現在、観光客でにぎわうアーケード街の新《しん》京極通《きょうごくどおり》である。また、建仁寺《けんにんじ》は北側半分の土地が京都府に召し上げられ、それをお茶屋組合がゆずりうけ、いまの花見小路が誕生している。

また奈良の興福寺も、上知令によってほとんどの建築物は打ち壊しとなり、事実上の廃寺となった。その敷地に建てられたのが、奈良ホテルや裁判所である。

召し上げられた土地には公共の施設が建てられることもあったが、民間に売り払われることもあった。上知令は、仏教の弱体化をはかるとともに、新政府の財政をうるおす巧妙な政策でもあったのである。

以上、明治維新の国家仏教から国家神道への急激な転換のなかで、仏教は多大な犠牲をしいられていた。日本の仏教文化は古来から大切に受け継がれてきたと思いがちだが、じつは我々が見ているものは、廃仏毀釈という篩《ふるい》にかけられ、かろうじて残った残骸にすぎないのである。

28 軍部と連携して大陸布教に猛進 近代の日本仏教界の功罪

●戦争協力体制をとった宗教界

本来宗教とは戦争と対極にあるはずだ。暴力を排し、平和をめざすのが宗教活動のひとつの大きな目的である。仏教ではそもそも「殺生《せっしょう》」を禁じている。人殺しはゆるされない。

にもかかわらず、戦時下の日本の宗教界（仏教界・神社界・キリスト教界）は海外侵略の歯止めとなることもなく、完全なる戦争協力体制をとっていた。**軍部といっしょになって中国大陸に進出し、大規模な布教活動を行っていた**のである。

いったいなぜなのか？　仏教界の動きを中心にみてみよう。

●キリスト教との衝突の危機

明治以降の日本の仏教界は、きびしい立場にたたされていた。大きく2つの原因があって、1つには、明治新政府が祭政一致《さいせいいっち》で神道による国づくりを進めたことがある。新政府は次々と仏教弱体化政策をくりだし、仏教界は大きなダメージをうけていた（p169参照）。

もう1つは、キリスト教という新たなライバルの登場があった。1894年に締結された日英通商航海条約によって、それまで外国人は東京や大阪、長崎などの「居留地」のみに居住していたものが、内地雑居が実施された。つまり、外国人は国内全体に雑居するようになり、彼らの宗教であるキリスト教が広まる可能性がでてきたのだ。あわてた仏教界は、明治政府に仏教を公認教とすることを求めたが、認められなかった。

ところが、仏教界にもわずかな光が差し込んでくる。

日本はこの頃、日清戦争・日露戦争・第1次世界大戦と戦争を重ね、大国と渡り合わなければならない時代にあった。国内でもめている場合ではなく、国家として一致団結する必要があった。そこで政府が目をつけたのが宗教だった。宗教を通して国民を扇動していくことがもっとも効果があると考えたのである。**利用すべき宗教は保護するが、それ以外の宗教は監視・排除する。**明確な線引きがされた。

政府が保護・活用したのは、仏教、キリスト教、神道十三派の三教である。1912年、内務省は三教を集めて会合を開き、「皇運」と「国民道徳」の振興をはかることを決議した。政府と宗教が協力して国家を支える構図が生まれたのである。

●日本語教育から徹底した満州布教

政府との協力体制を築いた宗教界は、その視線を中国大陸にむけた。

じつは仏教界では、早くから中国での布教活動を開始していた。真宗大谷派《おおたには》は1873年から中国での布教活動をしていて、各派もつづいていた。

中国では18世紀半ばから列強の外国人に宗教活動を認めており、キリスト教の存在が拡大していた。このままでは宗教界にとって巨大市場ともいえる中国がキリスト教に奪われ、仏教が衰退する。日本の仏教界にはこうした危機感があったのだろう。ところが、**日本人には布教権が認められていなかったので、公然と布教することができないでいた**。

日本政府も1896年、1904年に中国側に布教権を認めるよう要求しているが、失敗に終わっている。1915年には「二十一箇条要求」第五号のなかで、「中国における伝道の自由」を認めさせようとしたが、列強の反対もあって、受諾されなかった。

一方、日本は第1次世界大戦において山東半島の青島《チンタオ》を支配し、1922年に中国に返還するまで占領をつづけている。このとき浄土真宗本願寺派をはじめ仏教各派が布教活動を展開している。

布教施設などを設けるほか、日本人移民のための日本人学校をつくった。また、日本語学校をつくり日本語教育とあわせて現地布教も行っている。

青島の事例は、これ以降の海外布教の典型となった。

満洲のチチハルを占領する関東軍（中国に展開した日本陸軍の部隊）の兵士たち。僧侶たちも大陸に渡り、軍部との連携を密にして布教活動に取り組んだ

日本には布教権が依然として認められず、実行支配地域でのみ布教を行っていた。しかし、布教権が認められないならば、実効支配地域を拡大すればいいだけだ。

1931年、満州事変をきっかけに、関東軍は満州全土をほぼ占領した。翌年に満州国建設が宣言され、百万人をこえる日本人が満州にわたってきた。宗教界にとっては布教拡大の大きなチャンスが訪れた。真宗大谷派、浄土真宗本願寺派、浄土宗など、各宗派の僧侶たちがこぞって進出し、**満州地域に布教所の数が激増した**。

この頃すでに軍部と仏教の連携は密接になり、持ちつ持たれつの関係になっていた。

国内では、日本軍の軍事行動への支持を集めるため、仏教団体が盛んに国民に働きかけていた。また満州国では、仏教を通して国家意識や国民意識を植えつけるため、「日本仏教会」が組織された。日本の僧侶は現地の僧侶に接近し、日本側の意図にそうよう現地民（漢、満州、朝鮮、モンゴルの四民族）への布教を求めたのである。

満州の仏教は、教育や医療、貧困救済など、さまざまな社会活動も展開した。とくに教育活動では、各派は学校を設立して日本語教育を実践した。**日本仏教教団による現地民への日本語教育は、教育によって満州国を統一するという日本の国策と深く関わっていた**のである。

●戦争を正当化した日本仏教

1937年7月、日本軍と中華民国軍が衝突した盧溝橋《ろこうきょう》事件をきっかけに日中戦争が勃発した。日本軍が中国大陸の内部へ進出すると、日本の宗教界も同様に伝道範囲を広め、中国人への布教を強化していった。

それにしても、軍部と一体となった仏教各派はこの侵略戦争をどのように解釈していたのか？真言宗ではそれまで日中間の平和を願ってきたが、「支那が日本の誠意を誤解して敵対行為に出てきたからやむをえず荒魂が発動した」としている。「調伏のためには生き物の命をとってもなんらさしつかえない」と殺人を正当化した。浄土宗も「支那事変は東亜新秩序建設の理想の下に戦われている」と正当化した。仏教界はもはや戦争補完勢力と化してしまったのである。

これに対し、中国仏教のなかには「抗日仏教」といわれる運動が展開されている。中国仏教界はもともとは日本の仏教界に悪い感情をもっていなかったが、満州事変で一変した。軍と連携して戦争に猛進する日本仏教界を見限り、「日本はもはや仏教国ではない」と痛烈に批判している。

戦時下の活動は布教にとどまらない。中国戦線では、各派から派遣された**従軍僧**が、戦死者の葬儀・慰霊はもちろん、士気の鼓舞、慰問品の提供・講話、通訳などの役割をになった。さらに**実際に戦闘員として銃や刀をもって戦うこともあった**。

1939年に中国戦線で開かれた慰霊祭。従軍僧が軍服に身を包み、読経を上げている（朝日新聞社提供）

1937年12月、南京陥落。仏教各派は南京に進出し、多くの寺院や日本語学校、僧侶の養成機関などを設けた。占領と同時に満州と同じことが起きたのである。

そして1941年12月8日のハワイ真珠湾攻撃を機に、太平洋戦争がはじまる。日本仏教各宗派は、日中戦争のときと同じく南方での戦争協力を継続していく。「大東亜共栄圏」の建設のためには、共産主義や民主主義、自由主義が邪魔となる。それを排除するのが宗教の役割と考えられた。

戦局が悪化し、本土空襲が本格化すると、国内では宗教者を通して国民の戦意高揚がより求められるようになった。1945年2月の東西両本願寺の本部会合では、「殉教の血をここに呼び起こし、信力を一途に凝集し、一億特攻となって皇国護持に挺身する」という指標が示されている。現在のイスラム過激派のような**殉教の精神がついにあらわれる**のである。

しかし日本は敗戦をむかえた。肝心の大陸での布教の成果がこのとき明らかとなる。敗戦後、海外に展開していた数多くの神社は廃止となり、次々と姿を消した。仏教の布教所は、中国側に接収されるか、中国僧に管理をゆだねられ、日本仏教の布教の痕跡は一瞬にして消滅した。つまり、日本の仏教は中国人にまったく浸透していなかったのである。

僧侶のなかには、純粋に仏の教えを広めようと海を渡った者もいたはず。その努力と苦労はなんだったのか？　日本の仏教界はようやく軍国主義と一体化することの大きな過ちを思い知らされたのである。

第四章 仏教に残る日本の風習

29 白い喪服に白い死装束 死にまつわる服装のルール

●白い喪服の葬列があった

葬式に参列するときの喪服といえば「黒」が当たり前である。洋装もあれば、和装もあるが、いずれにしろ色は黒である。

ところが意外なことに、**喪服の色は昔は「白」だった**。白い喪服の葬列を想像すると薄気味悪い気もするが、伝統的に日本の喪服は白だったのである。実際、地方では近年まで喪主や親族が白色の着物を着る姿をみることができた。

喪服の色はなぜ「白」だったのか？　それがなぜ「黒」に変わったのか？

一方、死者に身につけさせる死装束は「白」だが、この白にはどんな意味があるのだろうか？

●誤解から生まれた黒の喪服

7世紀に成立した中国の歴史書『隋書《ずいしょ》』倭国伝は、古代の日本の葬儀の様子を伝えている。3世紀前半頃、死者の妻子や兄弟が白布製の喪服を着ていたと記している。

また、『日本書紀』には、仁徳《にんとく》天皇が末弟の菟道稚郎子《うじのわきいらつこ》が自分に位を譲るために自害したと聞いて悲しみ嘆くシーンがあるが、このとき仁徳天皇は「素服《そふく》」を着ている。素服とは「質素な服」という意味もあるが、「白い喪服」だと考えられる。

また『万葉集』にも、696年に高市皇子《たけちのおうじ》が亡くなったとき、人々は「白妙の麻衣」を着ていたことが記されている。

仏教伝来以前の天皇として伝わる仁徳天皇。末弟の死を嘆き悲しむとき、「白い喪服」を着ていた可能性あり（楊洲周延「東錦昼夜競　仁徳天皇」）

このように、古代の喪服は白だった。人々はあらたまった儀礼の場では白の衣装を着ていて、葬礼のときも白と決まっていたようである。古代の中国や韓国でも喪服は白だったので、日本にもその影響があったと考えられる。

ところが奈良時代になると、早くも黒の喪服があらわれた。

そのきっかけとなったのが、701年に発令された**大宝律令《たいほうりつりょう》**で、唐にならって喪葬令《そうそうりょう》が定められた。この喪葬令は現存していないので、718年に発令された養老律令《ようろうりつりょう》の喪葬令をみてみよう。それによると、「天皇は直系二親等以上の喪のさいには、黒染めの色を着用すること」とある。喪服は黒と定められた。

また、この喪葬令の記述から逆説的にわかることは、それまでは黒の喪服を着ていなかったことである。従来は喪服の色が白だったことがより確かになっている。

ところで、このときの喪服の色の改定には誤解があった可能性がある。

大宝律令や養老律令は唐にならって制定されたもので、唐の喪服の色にあわせたことになっている。唐においては、皇帝が高位の者のために着る喪服は「**錫衰**《しゃくさい》」とされていた。「錫衰」とは灰汁《あく》処理した目の細かい麻のことで、その色は「白」である。日本では「錫」の字から、「錫《すず》」が酸化した墨色のような色と誤解し、「黒」としてしまったようだ。**黒の喪服は誤解から生まれた**のだ。

ただ、これとは別に、死に対する意識の変化があったとも考えられる。

日本では天皇の服の色が白で、白は高貴な色とされていた。しかし、この時代に広まった仏教によって、死はよくないものだという穢れの意識が高まった。そこから、死にさいして、高貴な色である白い服を着用することを避けようという意識が生じはじめたとも考えられるのだ。

喪葬令によって上流階級は黒の喪服を着るようになった。が、**庶民は依然として白のまま**だった。なぜかというと、白い布を黒に染めることは庶民には手間だったからだ。わざわざ黒の喪服を調達する金銭的余裕もなかった。

こうして、ほとんどの庶民の喪服は白のままだった。そのため、貴族文化が弱まった室町時代になると、上流社会の喪服も結局は白に戻りはじめ、黒の喪服はなくなったとみられる。よって、日本の歴史においては、一時的に上流階級で黒の喪服が登場したものの、喪服の色の基本は白だったのである。

それが黒の喪服になるのは、**明治以降の西欧化政策**によるところが大きい。

1897年に行われた英照皇太后の葬儀の様子。このときに政府が喪服を黒に統一したことで、庶民の間にも黒い喪服が広まった（『英照皇太后陛下御大葬写真帖』国会図書館所蔵）

明治時代、生活スタイル全般が急速に西欧化するなかで、葬式マナーも西欧化された。西欧では喪服は黒である。白い喪服の人々が参列する葬式は、世界からみると不自然にうつるかもしれない。そう考える人々が、外国人の目を気にして、先回りして喪服を黒にしたのである。

決定的だったのは、1897年の皇室葬儀だろう。明治政府は、集まってくる列強の国賓《こくひん》の目を意識して、喪服を黒に統一する決定をした。皇室が喪服を正式に黒としたことで、庶民にも黒の喪服が広まっていった。

庶民にとっては、じつは白より黒のほうがありがたかった。汚れが目立たないし、管理がより簡単だからだ。都市部の貸衣装店では黒の喪服をそろえるようになった。

それでも黒の喪服が一般に定着したのは、戦後のことである。

●白装束でなければ神仏の天罰がくだる？

武士の切腹の場面などを思い起こしてもわかるように、伝統的に死者は白い衣装を着ている。明治以降、葬式の参列者が黒一色になっても、死装束は白のままだった。いまでも遺体を棺に納めるさいには、白い経帷子《きょうかたびら》を着せ、手には白い手甲《てっこう》、足には白い足袋《たび》に草履《ぞうり》をはかせる。

なぜ死者は白装束なのかというと、仏教の「**四十九日信仰**」が関係している。

現世が終わると、すぐに来世がくるわけではなく、現世と来世のあいだに「死後の世界」＝「冥《めい》土《ど》」がある。死者はこの冥土を49日かけて旅をする。この旅のあいだ、7日ごとに7回、不動明王や釈迦如来など7人の裁判官によって裁判にかけられる。三途《さんず》の川もわたる。第5法廷は、おなじみの閻魔《えんま》大王《だいおう》による裁判がある。そして第7法廷において、すべての評価が統合され、来世の行き先が決まる。

来世には6種類あって、これを「六道」という。天道もあれば、地獄道もある。すべての生き物は、この六道のなかで生まれ変わりを繰り返す。これが輪廻転生《りんねてんしょう》だ。しかし一番の理想は、この輪廻転生からぬけだし、輪廻しない世界に行くことである。これが「解脱《げだつ》」であり、仏になる（＝悟りを開く）ことを意味する。

閻魔大王を描いた絵（河鍋暁斎「地獄極楽図」東京国立博物館所蔵）

では、死者はなぜ白装束になるかというと、この49日間の旅のあいだに多くの仏と面会し、裁判をうけるときに、自らの身の潔白を示す必要があったからだ。**白い衣装で、清らかな心をアピールする**のである。

もしも白装束でなければ、伝統的なしきたりを犯すだけではなく、人々が信仰する数々の仏を侮辱することになる。そんなことをすれば、仏の怒りをかって、地獄に堕ちるだろう。それだけではなく、その地域に災害や伝染病など災いがもたらされるかもしれない。

そんなことにならないよう、時代が変わっても、白装束は守られているのである。

西欧のキリスト教などではとくに死装束にあたる文化はない。そのため、外国人の目を気にする必要もなく、死装束の色までは変わらなかったのだ。

30 死者の魂は遺体とともに封印 供養からわかる霊魂への恐怖心

●口笛が霊魂を招く

日本人は昔から**霊魂**というものを信じてきた。人間の肉体には霊魂が宿っていると考えている。仏教ではこの霊魂をどのようにとらえているのか？

まず、人々がイメージしていた霊魂の姿を民間伝承から探ってみよう。

霊魂と肉体は別物である。たとえば、肉体が死をむかえると、霊魂は肉体から遊離すると考える。「火の玉がでていくのがみえたら、その家の人がちょうど死んだところだった」というような話があるが、これは肉体から遊離した霊魂が、火の玉となって飛んでいったと理解される。

民俗学者・柳田国男《やなぎたくにお》がまとめた『遠野物語《とおののものがたり》』には、次のような話がある。

「豆腐屋をしている政《まさ》という36歳くらいの男がいた。政の父親は大病で、生きるか死ぬかとみんなが見守っていた。村の北の集落で、家を新築するため、地固めの堂突《どうづき》をしていたところ、政の父親がひょっこりあらわれ、『おれも堂突してみるか』と仲間に入って仕事をはじめた。みんな不思議に思ったが、口にだして言わなかった。薄暗くなってくると、政の父親は帰ったが、あとで聞くと、彼はその日のうちに亡くなっていた。亡くなった時刻は、ちょうど堂突にあらわれた頃だった」

この話では、瀕死の人間の霊魂だけが遊離し、別の場所に飛び、仲間のまえにあらわれたことになっている。死の間際に、会いたかった人に会いにきたということか。

このように、**生から死へと移行する境界では、霊魂が肉体から分離しやすいと考えられている。**境界には霊魂がただよっている。そんな霊魂は、「口笛」によってよびよせられてしまうこともある。

柳田国男

同じく『遠野物語』に、次のような話がある。

「馬で荷物を運ぶ仕事をしていた菊池矢之助という老人は、口笛の名人で、よく口笛をふいていた。その夜も、大勢の仲間といっしょに浜へ通ずる峠を越えるとき、自慢の口笛をふいていた。すると大谷地という深い谷あいにさしかかったとき、谷底から不気味なかん高い声で、『おもしろいぞう!』とひびいた。ぎくりとした仲間たちは、顔色を変えて、我先にと逃げていった」

峠とは、国境であり、村と村の境界である。また、この話は夜のことなので、今日と明日の境界でもある。空間的な境界と時間的な境界は、生と死の境界に重なる。つまり、霊魂がただよう時空間になるのだ。そんなときに、「口笛」をふけば、霊魂をよびよせてしまうことになる。

口笛は、古くは「嘯《うそぶ》き」といっていた。「うそ」とは口を狭めてだす音で、鷽《うそ》という鳥の鳴き声に似ていることに由来する。この「うそ」の音には霊魂を招く力があるというのだ。

「夜に口笛をふいてはならない」という迷信があるのも、霊魂をよびよせてしまうことが理由のひとつにあるのかもしれない。

●発遣供養で死者の魂をぬく

では、仏教では霊魂をどのように扱っているのか?

仏教に「**開眼**《かいげん》」というものがある。仏像や仏画、仏壇、墓などに仏を招き入れる作法だ。これは魂を入れる入魂の作法である。

これとは逆に、魂をぬく「**発遣**《はっけん》」という作法がある。地上に招いた仏を、またもとの浄土に送り返す作法である。

葬儀のさいには、死者の魂をぬく「発遣供養」が行われる。導師が、土葬では鍬入《くわい》れを行ったり、火葬では松明《たいまつ》を棺桶になげて、死者に対して俗世間との縁を断ち、浄土への往生や悟りの境地にいたるように引導をわたす。現在の葬儀では、鍬や松明の模型が用いられることがある。

また、長い年月をかけて霊魂を清めるということも行う。

1997年に東大寺で行われた発遣供養の様子（写真提供：共同通信社）

人が死ぬと、葬儀から初七日、四十九日、さらには新盆《にいぼん》、一周忌、三回忌、七回忌、十三回忌などと年忌《ねんき》を行うが、これは荒々しく穢れた状態にある死者の霊魂を清めるためのものである。三十三回忌、五十回忌の弔い上げをすませると、霊魂はもはや個性を失って、祖霊一般になると考えられている。この祖霊は新しい肉体に入り込み、生まれ変わることができる。これが「魂の若返り」である。

このように仏教では、まず前提として、霊魂は死者の肉体から分離すると考える。肉体は借り物であって、肉体が死ぬと、霊魂は肉体から分離する。そして霊魂は清められて祖霊となり、また新たな肉体に入り込んで生まれ変わる。これを繰り返すと考えているのだ。

●霊魂を遺体に附着させる

以上のことから、仏教では霊魂を大事に扱っていることがわかる。ところが、現実の葬儀をみてみると、死者の霊魂を大事にするどころか、むしろ霊魂を毛嫌いし、**死んだ肉体とともに封印する**という、一種冷ややかな行為もみうけられる。

たとえば、遺体を棺桶に入れ、家から出棺するとき、関東地方では「臼を転がす」、近畿地方では「茶碗を割る」という儀礼がある。臼にしても茶碗にしても、凹部をもったものを使うという意味で共通する。

これは凹状のものの中身が残らないようにするための行為と考えられる。中身とは、死者の霊魂だ。つまり、遺体が出棺したあと、霊魂がその家に残らないように、霊魂が入っていると想定した凹状のものを転がしたり、破壊する。霊魂を家から排除するための断固とした行為となっているのだ。

また、遺体（遺骨）を墓まで運ぶとき、花籠《はなかご》・龍頭《たつがしら》（龍の頭をかたどった飾り）などをたてて、葬列がわざわざその周りを3回まわったりすることがある。これは、霊魂を遺体に附着させるための儀礼と考えられる。遺体が墓へと移行する境界的空間・時間にあっては、前述のように、霊魂が肉体から離れやすい。そこで、くるくるまわることで、霊魂が遺体に附着していることを再確認しているのだ。

このように、霊魂が肉体と一体化することを徹底する。そして、遺体とともに霊魂も埋葬する。

遺体を埋葬したところには、石をおいたり、囲いをしたり、地域によってさまざまな墓上施設が設営される。

これは「狼や犬によって掘り返されないため」と人々はいうが、本当の意味は、遺体と霊魂をおさえつける役割と考えられる。つまり、遺体とそれに付随すべき霊魂をそこに封鎖しようとしているのだ。霊魂を墓から露出することはゆるされないのである。遺体埋葬地点の墓上施設の目的は、霊魂の封鎖だった。

では、お墓の石塔はなんなのか？　遺体埋葬地点と石塔の位置は違う。両者のあいだには空間的なずれがある。

じつは、**石塔が普及したのは近世になってから**のことだ。葬式仏教は鎌倉時代に成立し、江戸時代に一般に広まった。石塔があらわれたのも、その頃からである。

江戸時代、すべての日本人は、地元の寺の檀家になることが義務づけられ、いまの戸籍台帳にあたる「宗旨人別改帳《しゅうしにんべつあらためちょう》」に登録されることになった（p170参照）。農民でも町人でも、商人でも、仏教寺院による葬式を行うようになった。死者は一人ひとりに戒名がつけられ、仏教的装置である石塔（および位牌）によって、子孫が先祖をまつるという新しい形式が誕生した。よって、石塔には葬式仏教的先祖祭祀の意味合いが強いのである。

いまではお墓といえば葬式仏教を象徴する石塔のイメージだが、以前は、遺体を埋葬した地点こそがお墓だった。それも遺体だけではなく、霊魂も完全に封鎖するという意味があったのである。

31 地蔵菩薩が憑依する儀式だった？ かごめかごめにまつわる怪しい噂

●ミステリアスな遊び唄

「**かごめかごめ**」という遊びがある。鬼になった子が目を隠して真ん中に座り、その周りを子どもたちが手をつないで輪になり、歌いながら回る。歌が終わったとき、鬼は自分のうしろにだれがいるのかをあてる。

この「かごめかごめ」の歌詞だが、よくよく読んでみると、言葉のならびが独特で、どこか不気味な雰囲気がある。

「♪ かごめかごめ　籠のなかの鳥は　いついつでやる　夜明けの晩に　鶴と亀がすべった　うし

ろの正面だあれ」
歌詞は、対立する言葉の繰り返しでできている。「（封じ込める）籠／（封じられる）鳥」「夜明け／晩」「鶴／亀」「うしろ／正面」といった具合だ。

かごめかごめのイメージ図（mikio / PIXTA（ピクスタ））

ただの子どもの遊び唄ではなく、なにか重要なメッセージが隠されているのではないか？

そうしたことから、「かごめかごめ」にはさまざまな解釈が唱えられてきた。自由のない遊女（＝籠のなかの鳥）の悲哀をあらわしているのではないか、自分を階段から突き落とし子ども（＝籠のなかの鳥）を流産させられた母親の恨みをあらわしているのではないか、はたまた、徳川埋蔵金の暗号をあらわしているのではないか、など、さまざまな説がある。

真実はどこにあるのか？

文献的に探ると、「かごめかごめ」の原型は、もっとも古いもので江戸時代の童謡集『竹堂随筆《ちくどうずいしゅう》』に見ることができる。そこにある歌詞は、「かァごめかごめ　かーごのなかの鳥は　いついつでやる　夜あけのばんに　つるつるつッぺェつた　なべ

のなべのそこぬけ　そこぬいてーたーァもれ」というもので、いまとはだいぶ違う。この歌詞が徐々に変化して、明治以降に現在の歌詞になったと考えられる。

これほど歌詞が変化しているのだから、じつは**歌詞そのものにはたいして重要な意味はない**と考えられる。遊びのときの動作やリズムに合わせる形で歌詞が変化し、偶然にできたのが現在の「かごめかごめ」なのである。

●子どもに憑依させていた？

「かごめかごめ」の歌詞は不気味であるが、目を隠したひとりを取り囲んで歌って回るという遊び方もどこか不気味である。

この遊び方のルーツを探ってみると、東北や関東にあった「**地蔵遊び**」に行き着く。これはどのような遊びかというと、ひとりの子どもに南天《なんてん》の木の杖をもたせ、親指を隠して手を握らせる。ほかの子どもたちは、その周りをぐるぐる回って、「**おのりゃあれ、地蔵さま**」となんども唱える。すると、真ん中の子どもの様子が変わり、徐々に地蔵になる。もちろんこれは演技であるが、真ん中の子どもが地蔵になったとわかると、周りの子どもたちは、「物おしえにござったか地蔵さま遊びにござったか地蔵さま」と言って喜び、いっしょに歌ったり、踊ったりして遊び相手になる。

この「おのりゃあれ、地蔵さま」とは、「どうかのりうつってくだされ、地蔵さま」という意味だ。

つまり、**真ん中の子どもに地蔵菩薩が憑依するよう願っている言葉**である。「地蔵遊び」は子どもたちの遊びであるが、これは子どもたちが勝手に考えだしたものではない。おそらく、大人たちの宗教的儀式を真似して生まれたものと考えられる。

日本では平安時代末期に地蔵信仰が一般に広まった。ちょうどその頃、人々がイメージする地蔵菩薩の姿は、僧侶の形から子どもの姿へ変化した。12世紀の『今昔物語集』には地蔵菩薩がたくさん登場するが、それらの地蔵菩薩のほとんどが小僧の姿で描かれている。これ以降、地蔵菩薩といえば子どものイメージが定着し、それによって庶民に身近な菩薩となった。この頃広まった宗教的儀式に「**地蔵憑《つ》け**」がある。

地蔵憑けは、地蔵像と向かい合わせでひとりを座らせ、それをとり囲んで、ほかの者たちが呪文のような唄を歌いつづける。すると、真ん中の者に震えがはじまるなど異変があらわれ、地蔵菩薩が憑依する。**地蔵が憑依したとわかると、その地蔵にいろいろなことを尋ねて、お告げを聞く**。古代の宗教者が盛んに行っていた「口寄せ」（p217参照）の方式だ。こうして地蔵

山中の地蔵。日本では子どもの姿をかたどった地蔵像がいたる場所につくられてきた

菩薩の言葉を聞いたのである。

この地蔵憑けをいつも見ていた子どもたちが、大人たちの儀式を真似してはじめたのが地蔵遊びだったと考えられる。

とはいえ、地蔵遊びが単なる遊びだったとも言い難い。地蔵は子どもの姿がイメージされていたので、子どもにのりうつると考えるのは、むしろ自然だ。そもそも古くから神霊というのは、子どもや老人に憑依するという信仰があった。だから、地蔵遊びは単なる子どもの遊びというよりは、地蔵信仰の口寄せの方法として、本当に子どもに憑依させるということが行われていた可能性がある。実際、地域によっては地蔵憑けは子どもや女性が適していると考えられていたという。

いずれにしても、「かごめかごめ」のルーツは、地蔵憑きという宗教的儀式にあったと考えられる。単なる人当てゲームではあるが、どこか怪しげで危険な空気がただようのは、そのためだろうか。

32 カニバリズムの名残りか 死者の遺骨を噛む「骨噛み」

●渡哲也は骨を噛む

深作欣二《ふかさくきんじ》監督の東映ヤクザ映画『仁義の墓場』（1975）には、ゾッとするシーンがある。

渡哲也扮する主人公は、実在のヤクザ・石川力夫。彼は、妻の地恵子（多岐川裕美）の自殺にショックをうけ、葬儀のあと、人前で骨壷を開き、その骨の1本をつまみだし、まるでカリントウでも食べるようにパリパリと噛みはじめたのだ。

常軌を逸したヤクザならではの場面である。一般には骨を噛む行為などゆるされないはずで、タブーすれすれだ。

しかし、これはフィクションのために編み出された演出というわけではない。このように遺骨を噛むという行為は、昔からあったことなのだ。

たとえば、この映画のように、ヤクザ社会では骨を噛むという習慣があった。敵の組から仲間が殺されると、その組員を追悼し、遺骨を噛んで報復を誓うのである。

実際にその事実が報じられたことがある。1985年1月、暴力団山口組の竹中正久組長が大阪で暗殺された。その葬儀のとき、直系の組員たちは、組長の遺骨をかわるがわるしゃぶって報復を誓ったという。

ヤクザ社会だけではない。骨を噛む行為はあちこちで起きている。

新聞でも報じられたところによると、俳優の勝新太郎は、長良三味線の大御所だった父・杵屋勝《きねやかつ》東治《とうじ》の四十九日の法要のさい、その遺骨の一片を口に入れている（報知新聞1996年4月8日付）。

戦前の思想家・渥美勝《あつみまさる》は、母の死に深く衝撃をうけ、その遺骨を墓所に葬るかわりに、口に入れて食べたといわれる。「母をおれのふところへ葬ろう。母はきっと喜ぶに違いない」というのが当時の渥美の心境である。

また、九州の筑豊炭田《ちくほうたんでん》で坑夫として働き、炭鉱記録画家となった山本作兵衛の『明治大正炭坑絵巻』には、坑内で死んだ坑夫の骨を同僚たちが噛むシーンが描かれている。

このように骨を噛むという行為は、けしてめずらしいことではない。現代でもこうした事例が少なくないのは、**「骨噛み」という遺骨を噛む風習が昔から伝えられているから**だと考えられる。

●人のかわりに豚の骨を噛む

「骨噛み」の風習は、九州から関西を中心に全国に広がっていた。

近親者や知人が死んだとき、会葬者は仏となったその遺骨を噛んで、**哀悼の意**をあらわす。それとともに、死者と自分の特別な結びつきを確かめあったと考えられる。これは昔から民間にあった風習で、仏教式の葬儀に融合したものと考えられる。

しかし、現代では一般には「骨噛み」の風習はすたれていて、「骨噛み」の言葉も違う意味で使われている。

北九州地域では、死者のでた家の葬式の手伝いをすることを「骨噛み」という。地方によっても呼び方は変わり、大分県宇佐郡などでは「骨コブリ」といい、長崎県対馬の旧・佐須村《さすむら》では「ホネカブリ」という。また長崎県五島列島では、葬式の日に喪家でご馳走になることを「ホネカミ（骨咬み）」や「ホネヲシャブル」という。

このように「骨噛み」は、**いまでは葬式にかかわることを意味している**。骨噛みの慣習はすたれたが、死者に哀悼の意をあらわす意味は別の形で残ったことになる。

昔の「骨噛み」の風習をよりリアルにとどめているのが沖縄だ。

沖縄では、死者の骨を噛むかわりに、豚を殺して豚肉を食べ、その骨を噛む。会葬者たちは、その豚の骨を死者の骨だと思いながら噛むわけだ。これは「**茶毘豚**《ダビワー》」といって、沖縄に広く分布する風習である。

●人を食いに行く

死者の骨を噛むというのは、現代的視点からすると、いくら哀悼の意をあらわすとはいえ、十分に恐ろしい行為である。しかし、「骨噛み」の風習は、さらに別の恐ろしい可能性を連想させる。つまり、口に入れて噛んでいたのは、本当に骨だけだったのか、ということだ。

沖縄の八重山諸島では、葬式に行くことを「ピトカンナ」（人を噛みに行く）や「ピトゥクンナ」（人を食いに行く）という。「茶毘豚」をすることを指しているのだろうが、「人骨噛みに行く」「人を食いに行く」といって、昔はなにをしていたのか？

豚の骨を噛むのではなく、言葉の通り、人食いをしていた可能性はないのか？

骨噛みに死者への哀悼の意があるのなら、人食いにも同じように哀悼の意があると解釈することもできる。そこには**カニバリズム（人肉食）**があったかもしれないのだ。

そもそも人類は人の肉を食べていたといわれる。カニバリズムは医学とも結びついていた。原始人は同胞のなかに最初の「薬」を求め、病気を治すには他人の肉を摂取することが有効だと考えていた。基本的に食べる器官は病人の悪い器官で、安産には胎盤を食べる、精力減退には睾丸を食べる、というものだ。

日本でも、江戸の大飢餓のときなどに食人があったことは知られているが、それ以外でも、**人の内臓が万病に効く**などといわれ、民間薬としてカニバリズムが実際に起きていたといわれる。さすがに公言ははばかるのであまり表にはでてこないが、「肺病には人骨を煎じて飲む」「梅毒には火葬場で焼いている死人の脂を飲む」などの伝承が全国各地にある。明治政府は1870年、人の肝臓や脳髄、陰茎などの密売を禁じる弁官布告を行っている。これは逆説的に人肉食があったことを示している。

こうした背景を考えると、沖縄の茶毘豚では、昔は豚ではなく、死者の肉をそのまま食べていたとしても不思議ではない。

沖縄の民俗学者・伊波普猷。沖縄でかつて行われていたカニバリズムに関する記述を残している

沖縄の民俗学者・伊波普猷は、「昔は死人があると、親類縁者が集って、其の肉を食った」（「南島古代の葬制」葬送墓制研究集成第一巻）と記している。

人食いの風習が改められ、人肉のかわりに豚肉を食すようになったのである。真相はわからないが、かんたんに否定もできない説である。

33 死者とともに葬られる穢れを引き受けた身代わり人形

●死んだ妊婦に胎児と藁人形

日本の葬送の慣習のなかには、無気味な光景をみることがある。そのひとつが人形だ。無表情な木彫りのこけしを墓にたてたり、人形を棺に入れることもある。それは死者が生前に大事にしていた人形というわけではなく、昔から伝わる慣習として、**死者に人形をそえる**のだ。

たとえば、瀬戸内海にうかぶ佐柳島《さなぎしま》では、積石墓《つみいしばか》に人形をたてる。積石墓は、海岸においた棺を覆うように大小無数の海石を積み上げて墓とするものだ。棺は石に守られているものの、激しい波にさらされ、海水にひたることになる。この積石墓に、「地蔵さん」ともよばれる人形が竹にささった状態でたっている。桐の木を刻んでつくったこけし状の人形だ。子供の墓だけでなく、大人の墓でも人形がたっているが、やがては波にさらわれる。

長崎県西彼杵郡《にしそのぎぐん》では、年内に一家から2人の死者がでると、棺に「伴人《ともびと》」という人形を入れる。「伴人」とは、死者に同伴する人形という意味だろうか。

福島では、妊婦が死ぬと、腹を割いて胎児をとりだし、妊婦にだかせ、さらに藁人形《わらにんぎょう》をそえて3人にして葬る習俗が明治の頃まであったといわれる。これを行った人間が死体損壊罪で訴えられる事件があったという。

瀬戸内海歴史民俗資料館で展示された友引人形（朝日新聞社提供）

「**友引人形**」というものもある。

一般的に友引の日に葬儀をしてはいけないといわれる。友引は、中国由来の六曜《ろくよう》（先勝・友引・先負・仏滅・大安・赤日）のひとつで、日の吉凶を占うもの。仏教の教えではないが、葬儀の日取りに大きな影響を残している。

友引の日に葬儀をしないのは、友引が「友を引く」とされ、「この日に葬儀を行うと、亡くなった人が親しい人を連れていってしまう」といわれるからだ。ただしこれは迷信の域を出ない。友引はもともとは「共引」と書いて、「友

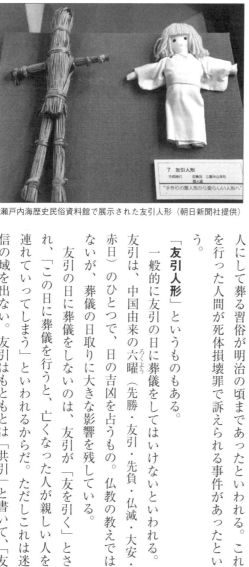

を引く」という意味はなかった。

とはいえ、友引には「友を引く」と恐れられた。そこで、どうしても友引に葬儀を行うときには、藁などでつくった人形を棺に入れるようになった。これが「友引人形」だ。友引人形の風習は関西でよくみられるものだ。

このように墓や棺に人形をそえる慣習はあちこちにあるが、これはなにを意味しているのか？日本人と人形の関係から探ってみよう。

●身代わり人形として捨てた

仏教が入ってくる以前、日本人は人形をつくっては、人形に祈りを込めていたと考えられる。その古来の人形との関わりが、仏教流入以後も生活から消えることはなかった。

平安時代、貴族たちは「**人形**《ひとがた》」とよばれる人形を木や紙や草を素材につくって、その身体をなでたり、息をふきかけたりした。そうして自分の身の穢れや災いを人形にうつして、川や海に流し捨てたのである。人形はかわいがるわけではなく、人形に厄災を引き受けさせ、自分の身を清めようとしたのである。

人形の子ども版といえるのが、「天児《あまがつ》」や「這子《ほうこ》」だ。「あまがつ」は「天禍津霊《あまがつひ》」に由来すると考えられ、穢れや災いを負わせて捨てる人形を意味している。

天児は、生まれた子どもに贈られ、3歳を迎えるまで枕元に大事におかれ、成長を見守った。子どもの厄災を引き受ける「身代わり人形」としての意味合いがあったのである。

天児は、30㎝ほどの2本の竹の棒を束ねて人形の両手とし、それに別の竹を横に組み合わせ、そのうえに白絹の布でつくった丸い頭をとりつけてつくった。這子は、白絹の四隅をぬいあわせ、綿を入れて胴にして、その四隅を手足とした。

当然ながら、天児や這子は子どもの玩具にもなった。しかし、厄災を引き受けているので、捨てられる運命にあった。

3月の上巳《じょうし》の節句に天児は川や海に流された。これは現在でも行われている「**流し雛**」であり、つまりは雛人形の起源とされている。

東京都千代田区の弁慶掘で流し雛を行う一行（時事）

貴族のあいだで行われていた天児の風習は、江戸時代になると一般の人々にも広まりだした。また、天児を男の子、這子を女の子に見立てて飾るようになり、これがいまの雛人形の原型となっている。

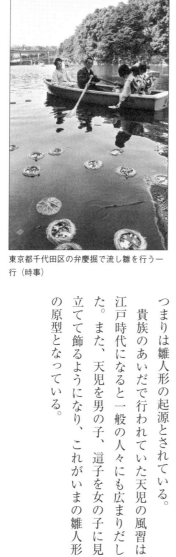

●2人目の死をさける友引人形

以上のことから、葬送のときに墓や棺にそえられる人形の由来は「天児」にあると考えられる。つまり人形には、**この世の穢れや災いをあの世まで運んでもらう**という役割があったのだ。

友引人形は「身代わりの人形」である。友引に葬儀をすると、亡くなった人が親しい人を連れていきかねないので、それを避けるために、身代わりとして友引人形を入れるのである。2人目の死を避けるための大事な習慣だった。

人形に災いを引き受けさせるという考え方は日本独特で、ほかの国ではみられない。外国では、「モノはモノ」という考え方が一般的で、人形になんらかの役割をたくすことはない。しかし日本人は、すべての生き物はもちろん、自然や道具やモノにも八百万の神が宿ると考える。人形はただのモノではない。その人形に災いを引き受けさせ、死者とともに送ることで、現世の人々を守るという大きな役目があったのだ。

人形が人間の身代わりとなって厄災をひきうけてくれることから、これを供養する祭礼もあった。これが「人形供養」である。現代では、日頃からかわいがってきた人形やぬいぐるみなどの魂を鎮め、感謝して寺社に納める行事となっている。

人形にまつわる習俗は、日本仏教独自のものである。日本古来の風習がまじわることで、他国の仏教とは異なるかたちをつくるようになったのである。

34 納骨信仰を広めるも度が過ぎて殺された高野聖

●高野山の経済をささえた

高野聖《こうやひじり》とは、高野山を拠点に全国で仏の教えを説いてまわった庶民仏教家である。

ここで意味する「聖」とは、半僧半俗《はんそうはんぞく》の下級僧侶のこと。高野聖も、高野山の僧侶のヒエラルキーのなかでは、底辺におかれた。彼らは、服装や住まいにまで制限を加えられ、僧侶として人前にでることもゆるされなかった。しかし、高野山の発展のために彼らの存在が欠かせなかったことは確かである。

高野山は真言宗の総本山である。中世には浄土信仰がめばえ、日本随一の念仏の山となった。やがて密教的浄土教と真言念仏の教理体系が確立された。こうした流れのなかで高野聖が発生したと

高野聖（『職人歌合画本』国会図書館所蔵）

みられる。

高野聖の最大の任務は、庶民に浄土信仰と真言念仏を説いて、寺院再興や修復の募金運動をすることと、高野山僧の生活の資金を集めることだった。こうした布教活動を「勧進《かんじん》」という。この勧進によって、高野山の経済はうるおったのである。

弘法大師信仰を広めたのも高野聖だ。これほど空海の伝説や奇跡が全国に知られ、高野山信仰が広まったのも、高野聖のおかげだ。

また、高野聖がはたした重要な役割に、**納骨の慣習を広めた**ことがある。

古代の日本には死者の遺体を尊重する観念はなく、死者は捨てられるか、放置されるだけだった。平安時代になっても、葬送されない死体は藪《やぶ》や河原、道路の側溝などに捨てられていた。貴族の遺体でさえ、そのようなことがあったという。

ところが、11世紀頃になると、天皇や貴族は、遺体を寺に納めて、参詣する慣習が生まれた。これにともない高野山に納骨する慣習が生まれた。

この高野山納骨信仰を庶民に宣伝したのが、高野聖だった。彼らは「死者の遺骨を高野山に納めれば浄土に往生できる」と説いてまわった。やがて高野山への納骨が一般化していく。同様の納骨慣習は各地の霊山でも行われるようになり、納骨の慣習は全国に広まった。

また、高野聖は社寺境内を守る僧兵（p136）の役割もはたしたといわれる。勧進活動をするときは聖であるが、僧兵活動をするときは堂衆《どうしゅ》や行人《ぎょうにん》、客僧《きゃくそう》とよばれた。

こうして中世の高野山を多方面からささえた聖たちだったが、やがて俗悪化し、庶民に嫌われる存在となってしまう。

●信長が高野聖を大量処刑

室町時代以降、高野聖の勧進活動はうまくいかなくなった。

そのきっかけのひとつが、1464年と1521年の**2度にわたる高野山の大火**だ。とくに1521年のときは、全山壊滅状態となった。

高野山は復興事業に勧進第一主義をとり、全国で高野聖を活動させた。しかしこのとき、質の悪い高野聖が多く入ってきてしまい、後述するような悪い噂がたつようになった。高野聖なのに、高野山にも登らない高野聖もいたという。

また、封建制度が根づいて、各地の領主や将軍、藩主の力が強くなると、自由な勧進ができなくなった。毛利氏以外の戦国大名は、高野聖の勧進を歓迎しなかったといわれる。**スパイの疑いをかけられた**のだ。

高野山奥の院。入定した空海がいるという伝説を高野聖が全国に伝えた

高野聖が傾倒した時宗も足枷《あしかせ》となった。時宗とは、1274年に一遍《いっぺん》が開いた新しい念仏系の宗派である。もともとの真言念仏とは違うため、時宗化した高野聖は高野山で迫害をうけるようになった。

こうして内外で立場があやうくなり、**生活に行きづまった高野聖は、悪憎化し、あちこちでスキャンダルを起こした。**たとえば、1487年、宇治の橋寺《はしでら》地蔵院から二歳太子像を盗んで、興福寺に売った高野聖がいたという記録がある。

また、かつては善根宿といって、高野聖はどんな家でも宿泊が歓迎されていたが、この頃になると、宿泊を強要する高野聖は厄介者扱いされるようになった。「宿借聖《やどかりひじり》」「夜道怪《やどうかい》」などとよばれ、「高野聖に宿貸すな、娘取られて恥かくな」などという文句が広まった。

実際、宿借の特権を乱用し、他人の妻を寝とる高野聖がいた。亭主にみつかった高野聖は、処刑されるまえに京中ひきまわしになっている。

そんな悪評のたえない高野聖に成敗を加えたのが、織田信長だった。

きっかけは1578年、信長に背いた摂津伊丹の城主・荒木村重《あらきむらしげ》の家臣たちが高野山西院谷《さいいん》「池の坊」に逃れたときだ。信長の家臣が探索にくると、高野山行人はその足軽たち32人全員を殺してしまったのだ。

信長はこの復讐として畿内近国をめぐっている高野聖1383人をとらえ、処刑した。一向一揆に対する殺戮《さつりく》（p150参照）と同様の残忍さをみせたのである。信長がこれほど徹底したのも、高野聖が関所を通行できる特権を悪用して悪事を働いていたからといわれる。

信長の殺戮によって高野聖は大きなダメージをうけた。おかげで「宿借聖」がいなくなったといわれる。ところがこれで高野聖が消滅したわけではない。こんどは、**あからさまな商売で金儲けする「商聖《あきないひじり》」があらわれた**のだ。

●呉服屋から鉱山開発まで

高野聖は「商聖」に転身し、馬にのって商品を運んで売り歩くようになった。

彼らがなにを売っていたかというと、はじめは、そうめんや昆布などの食べ物のほか、薬や仏具だったといわれる。

それが、呉服を売り歩く「呉服聖」となった。彼らは、わざわざ注文をとりにあらわれ、仕入れ代金を前金でうけとると、数日後に織りあがった生地を見せたうえで、さらに数日後、着物を仕立てて納入した。おそらく織り手も縫い手もかかえ、組織的に商売していたのだろう。立派な呉服屋を経営していたのである。

それだけではない。商聖の実利追求行為はさまざまなところで展開された。なかには、山師となって鉱山に手をつける高野聖もいた。高野聖には修験《しゅげん》的性格があるので、鉱山と密接な関係があったのだろう。たとえば1618年には、秋田藩の銀山の採掘請負入札に加わった高野聖の記録が残っている。

このように商僧化した高野聖の姿は江戸時代末期までみられたという。

高野聖が、高野山と庶民のあいだを結び、仏教の庶民化に大きな役割をはたした功績は認められるが、さいごは完全に本来の姿を見失ってしまったのである。

35 恐山のシャーマン・イタコをとりまく厳しい苦行と過酷な現実

●厳しい苦行があった

恐山《おそれざん》（p94参照）の夏の大祭と秋詣りの期間、地蔵堂のそばにいくつもの**イタコ**の小屋が並ぶ。ここで、死者の霊をおろして語る「口寄せ」が行われていることはよく知られている。

死者の霊をおろすとなると、恐ろしい気がするが、依頼者の多くは、亡き人の語りをもういちど耳にしただけで涙する。「よく来てくれた」という言葉だけでも心は救われるのだ。

恐山には死者の霊が集まってくるので、霊をおろすには最適な場所といえるだろう。ただ、死者の霊なら誰でもおろせるわけではない。その依頼者と縁のある霊しかおろせない。まったくつながりのない歴史上の人物や有名人などの霊をおろすことはできないのである。

恐山におけるイタコの口寄せ。1954年に撮られた写真で、この頃にはイタコの人数がかなり減っていた（毎日新聞社提供）

こうした口寄せをするイタコたち、じつは過酷な背景がある。

イタコの多くは、目に障害をもつ女性たちだ。もともとは、福祉制度がいまほど十分に整っていなかった時代、盲目や弱視の女性たちが、自立して生活するためにイタコになったのである。自ら希望してイタコになる人はほとんどいなかった。

彼女たちが恐山に集まったのも、「商売」として旨味があったからだ。朝から晩まで口寄せをすれば、それなりの収入になる。イタコは口寄せを仕事として割り切っていた。

ただ、だれもがイタコになれるわけではない。イタコになるのも簡単ではないのだ。

イタコは師匠に弟子入りすると、師匠の家に住み込みで学ぶ。

覚えることはたくさんあって、イタコが使う言葉である「経文《きょうもん》」「祭文《さいもん》」「祝文」を暗唱する。経文は、人の霊・魂をよびおろすときに唱える言葉。祭文は、お祭りのときに唱える祝詞《のりと》のような言葉。祝文は、占いで使ったり、相談者の病気や心配事にあわせて唱える言葉である。

教えるほうも教わるほうも読み書きが不自由なので、師匠が唱える経文を一節聞いては、なんども口にして暗記する。これを地道に繰り返す。どれもイタコの仕事に欠かせないものなので、覚えられなければ、イタコの道はあきらめるしかない。当然、ドロップアウトする者もいた。

また、冷たい水を浴びる「水垢離《みずごり》」や、断食にあたる「穀断《こくだ》ち」などの苦行もあった。とても厳しい修行で、長ければ10年もかかった。これにたえた者だけが、イタコになり、口寄せをするようになったのである。

●地域の神事をつかさどる

イタコは「口寄せ」を専門とする人のように思われるが、ふだんは青森県の南部地方や津軽地方に暮らしていて、地域でさまざまな宗教活動をしている。

その仕事にはいくつかあるが、特徴的なものとして、「**オシラサマ遊ばせ**」がある。オシラサマとは、**それぞれの家に代々伝わる守り神**で、東北地方の一部の地域で信仰されている。男女の顔が彫られた桑の木に、「おせんだく」とよばれる布がかぶせられた一対の神様だ。イタコは昔から、このオシラサマをまつる「オシラサマ遊ばせ」の神事を行ってきた。

そのほか、お祓いや占いで、必要に応じて日本全国の神々をよびだすこともある。神様の力で悪いものを払い、物事の吉凶を占う。また、病気を治したり、縁談の相談をうけることもある。

「口寄せ」は恐山にかぎらない。お盆やお彼岸に家々によばれたときに行うこともあるし、神社やお寺のお祭りで「イタコマチ」とよばれる市をたて、何人かのイタコが集まって行うこともあった。このイタコマチのひとつが、恐山の「口寄せ」といえるだろう。

●死者の増大で恐山にイタコが集まった

死者の霊を呼ぶ「口寄せ」という行為は、古代からあったと考えられる。

古代の宗教者で遊行したものに遊部《あそびべ》とよばれる者がいた。神楽《かぐら》をしたり、死者の霊の口寄せをしながら遊行していて、これがイタコのルーツだと考えられる。霊がおりるまで歌ったり踊ったりしたものが神楽である。

神の言葉を伝える者は、古代から「ミコ」や「イタコ」とよんでいた。イタコ以外にも口寄せをする女性は各地にいて、オガミサマ（岩手県・宮城県）やワカサマ（福島県）などもいた。

では、恐山とイタコとの関係はどのように生まれたのか？

室町時代後期、八戸南部氏《はちのへなんぶし》（根城南部氏）が下北半島を領有したのをきっかけに、地蔵堂を中心に広がる恐山が霊場修験の場として整備されていった。「オシラサマ」の信仰が進んだのもこの頃で、オシラサマ遊ばせの神事をつかさどるイタコのなかには、僧侶や山伏修験者のように恐山に入り、修行して仏道を極める者もいた。ここから恐山との関わりがはじまったと考えられる。

明治時代になると、全国的に霊場に参詣する人が増えた。それというのも、この時代は災害や戦争で命を落とす人が急増したからだ。

1896年には、三陸地震が起きて大津波が発生し、2万人を超える死者・行方不明者をだした。このとき、遺族は亡き人の霊を求めて恐山にのぼったが、まだイタコはいなかった。日清戦争や日露戦争でも多くの戦死者をだした。身近な肉親を亡くした人たちは、亡き死者に会うため、各地の霊場に参るようになった。恐山にも多くの人が押し寄せた。

恐山。灰白色の凝灰岩に囲まれ、いたるところから火山ガスや水蒸気が噴き出ている

こうした遺族をなぐさめるため、恐山にイタコがあらわれ、口寄せを行うようになったのである。はっきりと記録には残ってはいないが、それが大正末期から昭和初期と考えられる。

昭和初期、イタコの数は全体で100人ほどいたとされる。ところが、1952年になると、3人にまで減っていた。それが、1964年には21人、1974年には38人と逆に増えた。じつはこの時期、「恐山のイタコ」と新聞で報じられ、一気に全国区になったことで、イタコのなり手が増えたのである。

1968年、下北半島国定公園指定で観光化が進み、交通も整備されて参詣者は増大した。1978年には、「津軽のイタコの習俗」として、「記録作成等の措置を講ずべき無形の民俗文化財」となった。

1980年代、イタコは300人ほどいたといわれる。しかし、イタコたちの高齢化が急速に進み、現在では10人以下に激減している。

福祉と医療が発展した現在、目が見えないからといって、あえて厳しい修行をしてイタコになろうという人はいなくなっている。いま残されたイタコのなかには、あの厳しい修行をさせたくないからと、弟子をとらないと宣言する人もいる。

東日本大震災をはじめ、大規模な災害や悲惨な事件・事故で命をおとす人がたえない現代、口寄せの需要はけして減ってはいないだろうが、イタコはこのまま途絶えるのかもしれない。

36 修験道から生まれた日本独自の仏神
蔵王権現の怪異

●日本オリジナルの尊像の謎

蔵王権現《ざおうごんげん》は、修験道の本尊とされる。吉野の金峯山《きんぷせん》（大峰山《おおみねさん》）で修行していた役小角《えんのおづぬ》（役行者、p65参照）が出現させたとされるもので、**経典にも説かれていない日本独自の尊像**である。

蔵王権現は厳《いか》つい身体で、全身青黒く、鋭い3つの目をもち、忿怒《ふんぬ》の形相で見る者を威圧する。仏教の尊像とは思えない鬼のような荒々しさだ。

その出現の瞬間も劇的だった。

金峯山寺の根本資料のひとつ『金峯山秘密伝』によると、役小角は、釈迦如来と弥勒菩薩を出現させると、それにもあきたらず、さらに悪魔を降伏《ごうぶく》させる御姿を示していただきたいと祈った。すると、「天地がにわかに揺れ動き、ものすごい雷鳴とともに盤石をわって大地のあいだから、忿怒の形相のすさまじい金剛蔵王権現があらわれた」という。役小角は蔵王権現の出現に恐れおののきながら、これを本尊とした。

突然日本の山中にあらわれた蔵王権現は謎めいた存在であるが、奇妙なことは、**空を飛ぶ「飛行仙人」の守護神とされている**ことだろう。

それでは、飛行仙人とはなんなのか？　本当に飛行仙人などいたのか？　そこからみてみよう。

●『日本書紀』に記された飛行仙人

仙人とよばれる聖は、インドやチベット、中国などで活躍していた。

仙人は、山中での修行の果てに悟りを開き、はかりしれない超人的な神通力をえた者である。悟りを開いた彼らは、俗世間から離れて山中で隠れるように暮らした。

ちなみに仏教では、仙人のような生き方を本来の教えに背いた外道としている。仙人は自分自身が長生きすることを目的に呪術を使う。それに対し仏教では、加持祈祷や呪術はあくまでも人のために使う。自分のために使うことは禁じられている。

仏道を修めた僧侶のなかにも、仙人のような通力をもつ者はいて、そうした仙人は「仏仙」として区別される。

仙人は、変身したり、未来を見通したり、雨を降らせたり、さまざまな通力をもっているが、空を自由に飛ぶこともできた。これが飛行仙人である。

おとぎ話じゃあるまいし、本当に空を飛ぶことなどないだろうと思うが、飛行仙人の記録はきちんと残っている。しかも、国史の『日本書紀』にである。『日本書紀』斉明天皇紀《さいめいてんのうき》に次のようにあるのだ。

「655年5月、唐服を着て唐笠をかぶった異人が、竜にのって大和国の葛城山《かつらぎさん》の峰から飛びだして、生駒山の陰にしばらく姿を隠したが、午後になって摂津国の堺、住吉の松のうえに姿をあらわし、それから西の空にむかって飛びたち、雲のなかに姿を隠した。人々は、賀竜《がりゅう》仙人とよんだ」

これは国史のなかに仙人の名前がでてくる最初の記事である。

日本独自の尊格である蔵王権現（「銅造蔵王権現立像　指定史蹟名勝天然紀念物国宝」国会図書館所蔵）

唐服をまとっていたことから、日本の仙人ではなく、中国の仙人と考えられる。竜にのって大空を飛びまわり、日本の領空を横切ったところを人々に目撃されたようだ。

ちなみに、竜にのっているということは、かなり地位の高い仙人の証である。

●空から落ちた久米仙人

日本にも飛行仙人はいたといわれる。

8世紀中頃、大和国吉野郡の竜門山の岩窟にこもって修行をする3人の僧がいた。大伴仙人と安《あ》曇《ずみ》仙人、それに**久米（毛堅《けだち》）仙人**である。3人は厳しい修行のすえに神通力をえて、飛行の術を身につけた。人々は彼らを「飛仙」とよんでいた。

3人の飛仙のなかでも有名なのが、久米仙人だ。『本朝神仙伝』にはこんな話がある。

「久米仙人は、いつも竜門山の頂上から葛城山に飛んで、山神たちと交流していたが、飛行の途中、高市郡の久米川（檜前川《ひのくまがわ》）で洗濯をしている里の女の白い太ももを目にしたとたん、女に心をひかれ、通力がなくなり、大地に落ちた。久米仙人は、この女を妻にして、貧乏暮らしをつづけていたが、聖武天皇の東大寺建立にあたり、通力を使って吉野の山から材木を飛び立たせ、一夜のうちに都の作業場の周囲に山のように積み上げた。天皇は、久米仙人こそ真の仏意にそえる仙人だとして、久米の里に免田30町をあたえた。久米仙人はそこに久米寺を開いた。それからもますます修行にはげんだが、ついには雲をよんで、妻をのせてどこかの空に飛んでいった」

この話では、久米仙人の飛行の場面よりも、女に目を奪われて通力を失い、空から落ちたという、仙人らしからぬ残念な点が印象に残る。ただ、庶民からすると、ふつうの人間と変わらない不完全な性格は愛らしく、逆に久米仙人は人気となった。

●お堂も空を飛んだ？

このように飛行仙人の話はさまざまに伝えられているが、**そもそも役小角自身が飛行仙人だった**という説がある。役小角はさまざまな通力を備えていたが、飛行術ももっていたのだ。

『日本霊異記』に次のような記述がある。「役優婆塞《えんのうばそく》」というのが役小角だ。

「天皇の命令で伊豆の島に流された役優婆塞は、昼間は島にとどまったが、夜になると、富士の高嶺に飛んで修行をつんだ。３年後、ようやくゆるされると、ついに仙人となって空に飛び去った」

役小角は空を飛んでいる。彼は飛行仙人だったのだ。

そんな飛行仙人である役小角が出現させた蔵王権現も、やはり飛行したと考えるのは自然だ。蔵王権現が飛行したという具体的な話は確認できないが、京都・広隆寺の木彫像など、各地に伝わる蔵王権現像は飛行中の姿ではないかとみることができる。

三徳山三佛寺。役小角が通力で岸壁に向かって投げたと伝わることから、投入堂と呼ばれている（2003 David Monniaux/CC BY-SA 3.0）

蔵王権現像のポーズはほとんど共通していて、左手は腰につけているが、金剛杵をもった右手は大きくふりあげている。左足は地につけ、右足を高くけりあげている。

一般的な仏像では、立像でも両足は地についているものだが、蔵王権現の場合は、右足を高くあげていることが特徴だ。まるでこれから上空に飛び立とうとしているのか、あるいはすでに飛んでいるようにもみえる。

蔵王権現は、各地の霊山周辺をぶんぶん飛び回り、鋭い3つの目で修験者たちに睨みをきかせていたのかもしれない。

飛んだのは役小角や蔵王権現だけではない。お堂も飛んだ。その証拠がある。

鳥取・**三徳山三佛寺**《みとくさんさんぶつじ》は、役小角が706年に開いたといわれる有名な修験の霊場だ。ここには国宝・投入堂《なげいれどう》があり、7体の蔵王権現像がまつられている。うち1つの正本尊は寄木造りで、漆箔仕上げの洗練されたつくりだ。

この投入堂の姿が不気味である。山の中腹の岸壁に無理やり突き刺したような、不安定な形で建てられているのだ。どのように建立されたのかは未だ謎であるが、伝承によると、役小角が強大な通力《つうりき》を使って山の麓から投げて岸壁につくったという。だから「投入堂」というのだ。

投入堂は、空飛ぶお堂だったのだ。投入堂で修行した修験者たちもまた、飛行仙人になったのかもしれない。

37 厳つい形相の不動明王に隠された日本古来の考え方

●忿怒の形相で人々を教化する

信仰の対象となる「仏」には、いくつかの種類がある。悟りを開いた「如来《にょらい》」、悟りを求めて修行中の「菩薩《ぼさつ》」、バラモン教などの神様に由来する「天部《てんぶ》」、密教特有の仏である「明王《みょうおう》」などだ。

そして、それぞれ如来や菩薩にはじつに多くの仏がいる。

なかでも日本で人気があるのは、観音菩薩・不動明王・地蔵菩薩の3つだろう。

この3つは、ちょうど家族に見立てることができる。母のような慈悲深さのある観音菩薩、父のような強さと厳しさのある不動明王、子どものような無垢《むく》な愛らしさがある地蔵菩薩（p28参照）といった具合だ。ちょうど「聖母マリア・養父ヨセフ・子なるイエス」からなるキリスト教の聖家

不動明王坐像（メトロポリタン美術館所蔵）

族を思い起こさせる。観音菩薩・不動明王・地蔵菩薩は聖家族のような形をとることで、庶民に身近な存在として親しまれた。

とはいえ、このなかの不動明王は、じっさいに「父」にするのは無理というものではないか。人々をふるえあがらせるような恐ろしさをまとっているからだ。

各寺の仏像をみればわかるように、不動明王には悪魔のようなグロテスクな特徴がちりばめられている。顔面は激しい怒りをあらわす忿怒《ふんぬ》の形相で、左目は薄目か、つぶれていることが多く、口からは牙のような歯がつきでている。武器としては、右手には剣か金剛杵《こんごうしょ》、左手には縄をもつ。顔が4つ、腕が4本の場合もある。

なぜこれほどの恐ろしさを体現しているかといえば、仏教を信じない人たちをおどしつけ、強制的に教化するためである。**恐怖をもって改心させる**のだ。

しかし、この不動明王はただ恐ろしいだけではなく、意外な秘密が隠されている。

●修験道とともに庶民に浸透

不動明王に対する信仰は、はじめは天皇や貴族のレベルで広まった。

平安時代、朝廷は不動明王を本尊にまつり、加持祈祷を行うことで国家の平安を祈念した。また、怨霊の祟りを恐れていた貴族たちは、個人的に不動明王を護身仏にして、その険《けわ》しい表情をもって**怨霊を封じ込めようとした**。

不動明王は修験道とも結びついた。『平家物語』には、真言僧・文覚《もんがく》が不動明王の真言をとなえる場面が描かれている。

「文覚はもともと、宮中につかえる武士だったが、人妻を誤って殺してしまったことから出家し、山ではげしい修行を行った。熊野の那智の滝で不動明王の真言をとなえていると、不動明王の両脇にひかえる矜羯羅《こんがら》と制吒迦《せいたか》があらわれた」

このように、不動明王が山で苦行する修験道と結びついていたことがうかがえる。

修験道の本尊とされる蔵王権現が、どことなく不動明王に似ているのも偶然ではないだろう。吉野の金峯山で修行していた役小角《えんのおづぬ》（役行者、p223参照）の前にあらわれたという蔵王権現は、3つの目をもつ忿怒の形相で、右手に三鈷杵《さんこしょ》をにぎっていて、不動明王と同じような雰囲気をただよわせる。蔵王権現を不動明王の化身とみることもできるだろう。

近世以降、修験者は人々とともに地域に暮らし、加持祈祷や病気治療、卜占《ぼくせん》を行った。このときに不動明王信仰もいっしょに庶民のあいだに普及していったと考えられる。

不動明王信仰でとくに有名なのが、成田山の新勝寺である。面白いのは、江戸の歌舞伎にこの成田山の不動明王尊が入り込んでいることだ。市川団十郎は、主人公の勇猛ぶりをみせる荒事の所作を不動明王の忿怒の姿をモデルにつくっている。「不動の見得《みえ》」は、剣と綱をもって立つ不動明王そのものである。市川宗家の屋号が成田屋なのも、成田山との関係の深さを物語っている。

こうして庶民のなかに忿怒の形相が定着した不動明王。しかし、**これほど不動明王信仰が広まったのは日本だけ**のことである。

チベット密教にはそもそも明王という概念がない。不動明王にあたるものはあるものの、たくさんある忿怒尊のうちのひとつでしかない。中国でも不動明王信仰は浸透しなかった。

なぜ日本だけで不動明王信仰が広がったのか？　背景には、日本古来の**「荒魂《あらたま》」信仰**がある。

不動明王を日本にもたらしたのは空海である。それ以前から日本には、怖い神を信仰する土壌があった。それが神道の世界の荒魂信仰である。つまり、荒々しい神霊に対する信仰があり、それがそのまま不動明王信仰を受容する土台となったのだろう。荒魂とはべつに、おだやかな神霊の性質をあらわす和魂《にぎたま》のほうは、観音菩薩信仰につながったと考えられる。

●ふっくらとした肌をしている？

ところで、空海が密教道場とした東寺の立体曼荼羅《りったいまんだら》のひとつ、不動明王像をよくみてみると、不思議なことに気づく。目や口の表現はいかにも恐ろしげだが、首から下の身体部分がふっくらとしたやわらかな肌で表現されているのだ。どことなく不完全で成熟しきれていない子どものような身体をしている。けしてごつごつした筋骨隆々の身体ではない。忿怒の顔とは大きなギャップがある。左肩にたらした長髪からは女性らしささえ感じられる。

この忿怒の顔とふっくらした肌の組み合わせは、じつは経典にもとづく表現だ。インドの密教経典『底哩三昧耶経《ていりさんまやきょう》』によると、**不動明王の恐ろしい忿怒の表情は、悪魔や外敵を調伏するための方便であるが、その赤子のようなやわらかな肌は、心やさしい仏法の守護神であることを示している**という。また不動明王は「不動如来使」ともいわれ、大日如来の使者にあたる。大日如来にこき使われる身分なので、従順な子どものような体型をしているのだ。

しかし、経典に忠実なふっくらした肌の不動明王像は、空海の時代をもって終わってしまった。平安時代末期になると、不動明王の肉体は、顔の恐ろしさにマッチした筋肉質に描かれるようになった。三井寺《みついでら》（園城寺《おんじょうじ》）には、鎌倉時代につくられた「黄不動《きふどう》」があるが、こちらは筋骨隆々の迫力ある立像である。が、これは伝統をやぶった、日本独自の不動明王像といえるのだ。左目を薄目にするのも、より怖い表現を追求するなかで生まれたもの。空海時代の東寺の不動明王は、両目をぱっと見開いている。

より醜悪さを極めた日本の不動明王。その原点には、やさしい心や従順な使者としての側面が隠されていたことがわかると、また見方も変わるだろう。

38 怨霊封じが目的だった？ 霊山寺十一面観音立像の謎

●アンバランスな体形

奈良市中町の**霊山寺**《りょうせんじ》には、十一面観音立像がある。最大の特徴は、頭のうえに11の小さな頭部が積み重なっていることだ。これは11の顔で全方向を見守ることで、苦しんでいる人をもれなく見つけ、救うためのものだとされている。

11の顔の表情はさまざまだ。慈悲の顔は、静かなやさしさに満ちあふれている。忿怒の顔は、煩悩のためにろくでもないことしかしない人々をおどかして、目をさまさせ、本来の道にむかわせる。歯を出している顔は、本来の道を歩んでいる人にむかって、ほほえみかけ、さらにその道を進むようにはげましている。静かな如来の顔は、本格的に仏道に入った人に教えを説いている。後頭部で口をあけて笑っている顔は、悪い行いをしている人をさげすみ、恥を思い知らせて、正しい道に導こうとしている。ちなみにこの頭部の顔は、11面だけでなく、25面、27面なども存在する。

霊山寺の十一面観音立像の11の顔の意味は、以上のことから理解できる。しかし、この82センチの木造の観音像が本当に奇妙なのは、**メインの頭部が不釣り合いなほど大きく、胴が異様に小さくつくられている**ことだ。まるで幼児のようなアンバランスな体型をしている。また、胴体はふくよかなのに、その両腕は極端に細い。

これは造仏した仏師の失敗作なのか？　それとも、なんらかの意図が込められているのだろうか？

霊山寺の十一面観音立像。頭部に比べ、胴の小ささが目立つ（霊山寺提供）

●密教化で生まれた変化観音

まず、十一面観音菩薩のなりたちをみてみよう。

一般的な観音菩薩は、ひとつの顔に2本の腕という、ごくふつうの人間の形をした聖観音《しょうかんのん》である。もともとはこの聖観音しかなかったのだが、密教の段階になると、「**変《へん》化《げ》観音《かんのん》**」とよばれるさまざまな形の観音菩薩が生まれた。

それは、千手観音《せんじゅかんのん》、不空羂索観音《ふくうけんじゃくかんのん》、如意輪観音《にょいりんかんのん》、水月観音《すいげつかんのん》、六字観音《ろくじかんのん》、赤観音《あかかんのん》、青頸観音《しょうきょうかんのん》、馬頭観音《ばとうかんのん》などで、そのなかに十一面観音がある。

たとえば、よく知られている「千手観音」は千の腕をもち、それぞれの掌ひとつずつに眼球がある。それによって一切のものを救う仏の力をあらわしている。このように密教系の変化観音は、たくさんの頭やたくさんの腕があることが多い。

変化観音のルーツをたどると、ヒンドゥー教にいきつく。たとえば、不空羂索観音は、破壊神のシヴァ神のように、額に第3の目をもち、鹿の皮の袈裟を着ている。シヴァ神は、世界を救済するために猛毒をのみ、のどが青く染まったという神話があるが、この神話に由来するのが、青頸観音だ。

なぜこれほどヒンドゥー教の影響をうけているかというと、仏教の衰退が関係している。6世紀、インドではヒンドゥー教の台頭におされ、仏教の地位は低下した。この状況を挽回するため、仏教は派手なシンボルを多用する密教化の方向に進むとともに、敵対するヒンドゥー教の神をはじめ、インド各地の土着の信仰を積極的にとりいれていったのである。

●怨霊鎮圧のため造仏される

日本で変化観音がつくられるようになるのは、8世紀中頃からだ。

唐に留学した法相宗の僧・玄昉《げんぼう》が735年に帰国したとき、たくさんの経典とともに、さまざまな仏像をもたらしたといわれる。これらの経典や仏像が変化観音の制作をうながしたと考えられる。**変化観音のお経をとなえれば、怨霊を鎮めることができ、場合によっては怨敵に災いがふりかかるように呪うことができるとされた**のだ。

十一面観音菩薩に関しては、経典『十一面観世音神呪経』でその神呪《しんじゅ》の功徳が説かれている。この経をとなえることにより、人々のあらゆる心配や悩みをなくし、病をとりのぞき、すべての災いをなくし、病死をなくし、悪い心をやわらげ、あらゆる悪魔や鬼神の害悪が起きないようにすることができるとされる。また、観音像の前でこのお経を千八回となえ、観音像を温かい水で清めると、すべての害悪や悪夢、疫病をとりのぞくことができるとしている。

このような呪術的方策を説いた経典にもとづいて造仏が行われた。そのひとつが、霊山寺の十一面観音立像だったと考えられる。

では、十一面観音立像はなぜアンバランスな奇妙な体型をしているのかというと、これこそが、怨霊を鎮めたり、怨敵を殺す仏の力をあらわしているからだ。ふつうではない、不自然なフォルムのなかに、怨霊鎮圧という重要な役割があたえられていたのである。

参考文献

『インド仏教史　下』（平川彰、春秋社）
『インド仏教思想史』（三枝充悳、講談社）
『インド仏教はなぜ亡んだのか』（保坂俊司、北樹出版）
『役行者と修験道の歴史』（宮家準、吉川弘文館）
『織田信長』（神田千里、筑摩書房）
『お葬式』（新谷尚紀、吉川弘文館）
『「お墓」の誕生』（岩田重則、岩波書店）
『怨霊とは何か』（山田雄司、中央公論新社）
『怪異学の技法』（東アジア恠異学会、臨川書店）
『隠れ念仏と隠し念仏』（五木寛之、筑摩書房）
『観音浄土に船出した人びと』（根井浄、吉川弘文館）
『口語訳遠野物語』
（柳田国男、佐藤誠輔訳、小田富英注、河出書房新社）
『弘法大師空海読本』（本田不二雄、原書房）
『高野聖』（五来重、角川学芸出版）
『最後のイタコ』（松田広子、扶桑社）
『蔵王権現と修験の秘宝』
（三井文庫三井記念美術館編、三井文庫三井記念美術館）
『山岳信仰』（鈴木正崇、中央公論新社）
『三流の維新一流の江戸』（原田伊織、講談社）
『四国遍路』（辰濃和男、岩波書店）
『寺社勢力』（黒田俊雄、岩波書店）
『死者たちの物語』（藤本晃、国書刊行会）
『知れば恐ろしい日本人の風習』
（千葉公慈、河出書房新社）
『修験道の精神宇宙』（内藤正敏、青弓社）
『すぐわかる図説日本の仏像』（宮元健次、東京美術）
『図説役行者』（石川知彦、河出書房新社）
『図説食人全書』（マルタン・モネスティエ、原書房）
『図説密教の世界』（正木晃、河出書房新社）
『性と呪殺の密教』（正木晃、筑摩書房）
『仙人の研究　1』（知切光歳、国書刊行会）

『仙人の研究　２』（知切光歳、国書刊行会）
『葬式仏教の誕生』（松尾剛次、平凡社）
『畜生・餓鬼・地獄の中世仏教史』
（生駒哲郎、吉川弘文館）
『寺と仏像手帳』（土門拳、東京書籍）
『日蓮入門』（末木文美士、筑摩書房）
『日本葬制史』（勝田至、吉川弘文館）
『日本人の地獄と極楽』（五来重、吉川弘文館）
『日本の古典をよむ　12今昔物語集』（小学館）
『日本の戦争と宗教１８９９―１９４５』
（小川原正道、講談社）
『日本のミイラ信仰』（内藤正敏、法藏館）
『日本の名僧二〇人』（渋谷申博、洋泉社）
『日本喪服史　古代篇』（増田美子、源流社）
『日本霊異記』（小泉道、新潮社）
『信長と石山合戦』（神田千里、吉川弘文館）
『墓と葬送の社会史』（森謙二、吉川弘文館）
『はじめての修験道』（田中利典、正木晃、春秋社）
『秘史密教のすべて』（正木晃、新人物往来社）
『仏教聖典』（友松圓諦、講談社）
『仏教と民俗』（五来重、角川学芸出版）
『仏教抹殺』（鵜飼秀徳、文藝春秋）
『仏教民俗学』（山折哲雄、講談社）
『仏像はやわかり小百科』（春秋社編集部、春秋社）
『仏典をよむ』（末木文美士、新潮社）
『遍路と巡礼の民俗』（佐藤久光、人文書院）
『骨の事典』（鈴木隆雄編、朝倉書店）
『霊山と日本人』（宮家準、講談社）

著者略歴
沢辺有司（さわべ・ゆうじ）
フリーライター。横浜国立大学教育学部総合芸術学科卒業。
在学中、アート・映画への哲学・思想的なアプローチを学ぶ。編集プロダクション勤務を経て渡仏。パリで思索に耽る一方、アート、旅、歴史、語学を中心に書籍、雑誌の執筆・編集に携わる。現在、東京都在住。
パリのカルチエ散歩マガジン『piéton（ぴえとん）』主宰。
著書に『図解　いちばんやさしい哲学の本』『図解　いちばんやさしい三大宗教の本』『図解　いちばんやさしい仏教とお経の本』『図解いちばんやさしい地政学の本』『ワケありな映画』『ワケありな名画』『ワケありな本』『日本人として知っておきたい 日本語150の秘密』（いずれも彩図社）、『はじめるフランス語』（学研教育出版）などがある。

本当は怖い 仏教の話

2020年3月19日　第一刷

著　者　　沢辺有司

発行人　　山田有司

発行所　　株式会社　彩図社
東京都豊島区南大塚3-24-4
MTビル　〒170-0005
TEL：03-5985-8213　FAX：03-5985-8224

印刷所　　シナノ印刷株式会社

URL：https://www.saiz.co.jp
Twitter：https://twitter.com/saiz_sha

ISBN978-4-8013-0436-9　C0095